ग्रामीण पत्रकारिता : चुनौतियाँ और संभावनाएँ

(पत्रकारिता)

ग्रामीण पत्रकारिता

चुनौतियां और संभावनाएं

सुशील भारती

भारतीय ज्ञानपीठ

वाणी प्रकाशन : भारतीय ज्ञानपीठ की पुस्तकों
के एकमात्र प्रकाशक एवं वितरक

पहला संस्करण : 2020
दूसरा संस्करण : 2023

लोकोदय ग्रन्थमाला : ग्रन्थांक 1426

प्रकाशक
वाणी प्रकाशन ग्रुप
4695, 21-ए, दरियागंज, नयी दिल्ली-110 002
फ़ोन : 011-23273167, 23275710
ईमेल : sales@vaniprakashan.in

ISBN : 978-93-5518-928-8

ग्रामीण पत्रकारिता : चुनौतियां और संभावनाएं
(पत्रकारिता)
सुशील भारती

GRAMIN PATRAKARITA : CHUNAUTIYAN AUR SAMBHAVNAYEIN
(Journalism)
by Sushil Bharti

मुद्रक : रजौरिया प्रिंटर्स, दिल्ली-110 093

Price : INR. 395

समर्पण

यह पुस्तक राजधानी के राजमार्गों की चकाचौंध से दूर ग्रामीण अंचलों के खेत-खलिहान और कच्ची पगडंडियों पर चलने वाले पत्रकारों को समर्पित है.

भूमिका

ग्रामीण पत्रकारिताः समय की मांग

ग्रामीण पत्रकारिता पर चर्चा शुरू करने के पहले मैं यह बात साझा करना चाहूंगा कि पिछले 40 वर्षों के पत्रकारीय जीवन में मेरी प्रारंभ से ग्रामीण जीवन में रुचि रही है। 1983 के जमाने में जब मैं पटना से प्रकाशित दैनिक जनशक्ति में था तो बिहार के नरसंहारों पर एक साप्ताहिक कॉलम लिखता था। इसके बाद मुझे ज्यादातर राजधानी और जिला मुख्यालयों में विभिन्न अखबारों के संपादक के रूप में काम करने का मौका मिला। इस अवधि में विभिन्न क्षेत्रों के रिपोर्टरों के साथ संवाद तो होता था लेकिन मुख्यालय से बाहर निकलने का अवसर कम ही मिलता था। फिर जब प्रभात खबर ने मुझे वरीय स्थानीय संपादक, रूरल - झारखंड की जिम्मेवारी दी तो ग्रामीण क्षेत्रों से मेरा सरोकार बढ़ा। वहां के जीवन को समझने का मौका मिला। इस जिम्मेवारी के तहत ग्रामीण क्षेत्रों की खबरों से तो अंतरंगता तो रही ही, महीने में कम से कम 10 दिन जिला, अनुमंडल और प्रखंडों का दौरा करने का भी मौका मिला। ग्रामीण भारत की ज़मीनी सच्चाइयों से रू-ब-रू होने का अवसर मिलता रहा। वहां के पत्रकारों की कार्यशैली और व्यावसायिक समस्याओं को जानने-समझने का अवसर मिला। इस दौरान ग्रामीण पत्रकारिता की संभावनाओं पर विचार करने के साथ-साथ अछूते विषयों की तलाश की भी प्रेरणा मिली। मैंने गावों के सामाजिक, आर्थिक और सांस्कृतिक पहलुओं को समझने की लगातार कोशिश की। उनके विकास और उत्थान पर चिंतन किया। मेरे लिए यह अनूठा अनुभव रहा। शायद यह मेरे पत्रकारीय जीवन का सबसे महत्वपूर्ण और स्वर्णिम समय रहा। अपने अनुभवों को साझा करना और ग्रामीण पत्रकारिता को ज्यादा से ज्यादा पेशेवर बनाना ही इस पुस्तक के लेखन का मकसद है।

मित्रो! आज का समय जन पत्रकारिता का है। सोशल मीडिया ने हर खासो-आम को अभिव्यक्ति का एक खुला मंच प्रदान किया है। शहरी क्षेत्रों के साथ ग्रामीण इलाकों में भी जन पत्रकारिता की लहर चल रही है। मोबाइल और इंटरनेट की सुविधा ने इसे और गति प्रदान की है। जन-पत्रकारिता के विकास की इस परिघटना पर मीडिया संस्थानों का ध्यान न जाए यह कैसे मुमकिन है। वे इसे और बेहतर तरीके से विकसित करने का अपने-अपने तरीके से प्रयास कर रहे हैं। सोशल साइटों पर विचार विनिमय और खबरों के आदान-प्रदान की सुविधा जरूर है लेकिन वहां प्रशिक्षण की कोई व्यवस्था नहीं है। कोई चेक प्वाइंट नहीं है। इस कारण उनका बड़ा हिस्सा अनर्गल बातों से भी भरा रहता है। उनके बीच से काम की बातें ढूंढनी पड़ती हैं। मीडिया संस्थान इस आवश्यकता की पूर्ति करने की निरंतर कोशिश कर रहे हैं। ग्रामीण क्षेत्रों में फेसबुक, व्हाट्स एप जैसे सोशल साइट्स पर ग्रूप बनाकर आपस में संवाद के सिलसिले में जब गंभीरता आएगी, उसे जब पेशेवर और बौद्धिक रूप मिलेगा तो ग्रामीण भारत की आवाज़ और प्रभावशाली ढंग से बुलंद होगी। कई संस्थान ग्रामीण युवकों और युवतियों को समय-समय पर समाचार लेखन से लेकर वैचारिक टिप्पणी लिखने तक की कला और इसकी बारीकियों से अवगत करा रहे हैं। इससे उनका चीजों को देखने का नजरिया भी विकसित हो रहा है और उन्हें प्रभावी ढंग से अभिव्यक्त करने की प्रेरणा भी मिल रही है। दैनिक प्रभात खबर भी स्टेट लाइवलीहुड प्रमोशनल सोसायटी के जरिए समय-समय पर प्रशिक्षण कार्यक्रमों और कार्यशालाओं का संयुक्त आयोजन करता रहा है। 16 से 22 दिसंबर 2018 तक रांची में इसी तरह छह दिवसीय कम्युनिटी जर्नलिस्ट के प्रशिक्षण कार्यक्रम का आयोजन किया गया था। वरीय स्थानीय संपादक, रूरल झारखंड के पद पर कार्यरत होने के नाते इसके संचालन का दायित्व मुझे ही मिला था। उस प्रशिक्षण कार्यक्रम में झारखंड के सुदूरवर्ती ज़िलों के ग्रामीण क्षेत्रों में सामाजिक कार्यों में सक्रिय 25 दीदियों ने भाग लिया था। वही दीदियां जो कल तक पत्रकारिता और उसके महत्व से अनजान थीं उन्होंने ज़ीरो ग्राउंड लेवल से सच लिखने की तकनीक को न केवल जाना बल्कि उसे परिमार्जित भी किया। हर दिन एक सत्र अभ्यास का होता था जिसमें उनसे उनके इलाके से संबंधित रिपोर्ट लिखवाई जाती थी। उनकी जांच कर उन्हें उसकी कमियों और अच्छाइयों से अवगत कराया जाता था। वरिष्ठ पत्रकार हर दिन उनका मार्गदर्शन करते थे और अपने अनुभवों को साझा करते थे। उनके अंदर सीखने की लगन देखकर मैं दंग रह गया था। ग्रामीण जीवन की समस्याओं और विशिष्टताओं को एक हद तक समझने के बाद मुझे यह स्वीकार करने में कोई

दफ्तर में खबरों के चयन और उनकी प्रस्तुति को निखारना अलग बात है और घटनाओं के केंद्र का साक्षात्कार करना अलग बात। मैंने देखा कि रांची जिले के नामकुम प्रखंड के डूंगरी गांव में सखी मंडल बनाकर वहां की महिलाएं अपने परिवार व गांव-जवार की दशा बदल रही है। उनकी और ग्रामीण क्षेत्र की इस तरह की सफलता की कहानियों को मैंने करीब से देखा। मुझे इस माध्यम से ग्रामीण झारखण्ड की पीड़ा और उम्मीद को गहराई से जानने-समझने का एक और मौका मिला।

इस प्रशिक्षण कार्यक्रम के बाद वह दीदियां प्रभात खबर, पंचायतनामा के साथ संवाददाता के रूप में जुड़ गईं। वे नियमित रूप से अपनी रिपोर्ट भेजती हैं। अपनी रिपोर्ट को मुद्रित रूप में देखने पर वे रोमांचित भी होती हैं और उनके अंदर उत्साह का संचार भी होता है। वे अपने आसपास के समाज को ज्यादा बारीकी से देखने और उनके बारे में बेहतर तरीके से लिखने को प्रेरित होती हैं। अभी अधिकांश ग्रामीण क्षेत्रों में इंटरनेट की पहुंच कमजोर होने के कारण उन्हें संवाद प्रेषण में थोड़ी दिक्कत हो रही है लेकिन उम्मीद है कि आने वाले समय में कनेक्टिविटी सुधरेगी और ग्रामीण पत्रकारों को संवाद प्रेषण में बेहतर सुविधा मिलेगी।

दक्षिण भारत के कुछेक इलाकों को छोड़ दें तो देश के अधिकांश गांवों में अभी पत्रकारिता को आजीविका का साधन बनाने की स्थिति नहीं बन पाई है। लेकिन इसमें संदेह नहीं कि आने वाले समय में ग्रामीण पत्रकारिता के विकास की अपार संभावनाएं हैं। आर्थिक और व्यावसायिक गतिविधियां जिस गति से ग्रामोन्मुख हो रही हैं इतना निश्चित है कि आने वाला समय ग्रामीण पत्रकारिता का है। वह समय बहुत करीब है जब अनुमंडल और प्रखंड स्तर से अखबारों के संस्करण प्रकाशित होंगे और ग्रामीण क्षेत्रों के पत्रकारों के लिए पत्रकारिता आजीविका का भरोसेमंद साधन बन जाएगी। तब उन्हें पत्रकारिता के अलावा आय के दूसरे साधनों को अपनाने की विवशता नहीं रहेगी। आइए उस समय के लिए मानसिक रूप से तैयारी शुरू कर दें। इस भरोसे के साथ कि वर्तमान भले ही संघर्षमय है लेकिन भविष्य उज्ज्वल है।

अंत में मैं विशेष रूप से भारतीय ज्ञानपीठ के प्रबंध न्यासी साहू अखिलेश जैन एवं नेशनल मार्केटिंग हेड उत्तम बनर्जी के प्रति आभार व्यक्त करना चाहूंगा। अगर इनका अनुग्रह प्राप्त न होता तो किताब का त्वरित प्रकाशन सम्भव नहीं था। पुनश्च आभार।

–सुशील भारती

अनुक्रमणिका

ग्रामीण पत्रकारिता के मायने

पत्रकार जगत के समक्ष यह यक्ष प्रश्न रहा है कि ग्रामीण पत्रकारिता को किस रूप में परिभाषित किया जाए। पत्रकारिता को शहरी और ग्रामीण आधार पर विश्लेषित करना आसान नहीं है। हर पत्र में ग्रामीण क्षेत्रों की खबरें रहती हैं। उनके प्रतिशत में जरूर अंतर पड़ता है। सच तो यही है कि अभी तक ग्रामीण पत्रकारिता की कोई स्पष्ट और सर्वमान्य परिभाषा नहीं बन सकी है। कुछ लोग ग्रामीण क्षेत्र से प्रकाशित पत्रों को ग्रामीण पत्रकारिता कहते हैं, चाहे उनका विषयवस्तु कुछ भी हो। देश के कई गांव और कस्बे हैं जहां से धर्म अध्यात्म अथवा अन्य विषयों पर केंद्रित पत्रिकाएं प्रकाशित होती हैं। उनमें कहीं गांव की आत्मा नहीं होती। उन्हें ग्रामीण पत्रकारिता तो नहीं कहा जा सकता। दूसरी तरफ शहरी इलाकों से भी ऐसे पत्र प्रकाशित होते हैं जिनका विषय- वस्तु पूरी तरह ग्रामीण समाज से संबंधित होता है। जिनका अधिकतम प्रसार ग्रामीण क्षेत्रों में होता है। उन्हें ग्रामीण पत्रकारिता क्यों नहीं माना जाना चाहिए? सिर्फ इसलिए कि उनका प्रकाशन शहर से हो रहा है? मीडिया के जिस भी प्लेटफार्म पर ग्रामीण समाज और वहां की समसामयिक परिस्थितियों की रिपोर्ट आती है उसे ग्रामीण पत्रकारिता मान लेना चाहिए। चाहे वह अखबार हों, इलेक्ट्रोनिक चैनल हों अथवा डिजिटल माध्यम। कुछ मनीषियों का मानना है कि जिन संस्थानों में 40 प्रतिशत से अधिक सामग्री ग्रामीण विषयों से संबंधित हो उन्हें ग्रामीण पत्रकारिता का मंच मान लिया जाना चाहिए। इस अवधारणा को मानें तो ग्रामीण पत्रकारिता के तहत वे तमाम विषय और उन्हें तवज्जो देने वाले पत्र और पत्रकार आ सकते हैं जिनका सरोकार ग्रामीण जीवन से होगा। इस प्रकार भारत में पत्रकारिता का शुरुआती चरण ग्रामीण पत्रकारिता को ही

माना जा सकता है। आजादी से पहले पहले मिशन की पत्रकारिता थी। आज की पत्रकारिता व्यावसायिक है। उसका स्वरूप व्यवसाय की संभावनाओं के आधार पर तय होता है। जितनी व्यावसायिक गतिविधियां शहरों में है मीडिया का स्वरूप उतना ही शहरी है और जितनी गतिविधियां गावों में हैं उतना ग्रामीण। आज गांवों में आर्थिक गतिविधियां का जिस गति से विस्तार हो रहा है उतनी ही गति से मीडिया ग्रामीण स्वरूप ग्रहण कर रहा है। पत्रकारिता में गांवों की भाषा, बोली, परंपरा, संस्कृति आदि का इसी आधार पर समावेश हो रहा है। हालांकि दूसरी तरफ हिन्दी पत्रकारिता में भी अंग्रेजीयत हावी हो रही है। भाषा के आधार पर भी देखें तो हिन्दी में हिंग्लिश का प्रयोग धड़ल्ले से हो रहा है। ग्रामीण क्षेत्रों का वास्तविक प्रतिनिधित्व ग्रामीण पत्रकार ही करते हैं। शहरी पत्रकार वहां की परिस्थितियों पर नज़र रखते हैं और अपने लेखन कौशल के जरिए उनका सटीक विश्लेषण करते हैं। उनके आलेख को ग्रामीण पत्रकारिता से खारिज नहीं किया जा सकता लेकिन ज़मीनी सच्चाइयां गावों के रहने वाले पत्रकारों की लेखनी से ही सामने आती हैं। ग्रामीण पत्रकारिता का मामला विषय वस्तु का और मीडिया संस्थानों में उन्हें दिए जाने वाले स्पेस का है। सच पूछें तो भारत अभी तक इसलिए गांवों का देश है क्योंकि अभी भी 70 प्रतिशत आबादी गावों में रहती है। लेकिन ग्रामीण अर्थ व्यवस्था के गंभीर संकट से गुजरने के कारण शहरों की ओर पलायन की प्रवृत्ति बढ़ी है। इससे ग्रामीण और शहरी आबादी का अनुपात तेज़ी से बदल रहा है। कृषि संस्कृति पर औद्योगिक संस्कृति हावी हो रही है। ऐसे में आने वाले समय में भारत गांवों का देश कितना बना रह पाएगा, कहना कठिन है। फिलहाल भारत की आबादी को ग्रामीण, वनवासी और शहरी के आधार पर तीन हिस्सों में बांटकर देखा जाता है। देश के नीति निर्माता और योजनाकार भी इसी आधार पर ही विकास योजनाएं बनाते हैं। आज भारत का विकास शहरोन्मुख हो गया है, गांवों का विकास भी शहरी अंदाज़ में ही किया जा रहा है।

भारत में शहरों की संख्या लगातार बढ़ती जा रही है। दिल्ली-एनसीआर की वीआइपी कालोनियों से लगे गावों पर नज़र डालें तो उन्हें कहीं से गांव नहीं कहा जा सकता। वे कहीं से ग्रामीण संस्कृति का प्रतिनिधित्व नहीं करते। सरकारी दस्तावेज़ों में उनकी प्रकृति कृषि भूमि के रूप में जरूर दर्ज है। लेकिन वहां अच्छी-खासी रहाइशी कॉलोनियां विकसित हो गई हैं। उन्हें अनधिकृत कॉलोनी कहा जाता है। दिल्ली-एनसीआर में ऐसी कॉलोनियों की संख्या हजारों में है। अनधिकृत होने के कारण उनमें रियल एस्टेट गतिविधियां नहीं हो पाई हैं लेकिन ग्रामीणों ने उनमें दो-तीन मंजिला इमारतें और दुकानें खड़ी कर

रखी हैं। जरूरत की हर चीज़ कुछ कदमों की दूरी पर उपलब्ध हो जाता है। दूसरे राज्यों से आए मध्यम वर्ग के लोगों को उन्हीं शहरनुमा गावों में बजट के मुताबिक किराए के कमरे और फ्लैट मिल पाते हैं। अब सरकारी स्तर पर उनके नियमीकरण पर विचार किया जा रहा है। देश के छोटे-छोटे शहर भी अपनी परिधि का विस्तार करते हुए अपने चारो ओर स्थित कई किलोमीटर तक के गांवों को अपने अंदर समाहित कर चुके हैं। वहां बीघे और एकड़ की जगह कट्ठे और डिसमिल में ज़मीन के भाव लग रहे हैं। सरकार सौ से ज्यादा स्मार्ट शहर बनने जा रही हैं। गावों को स्मार्ट बनाने की कोई कोशिश नहीं हो रही है। ज्यों-ज्यों भारत का शहरीकरण होता जा रहा है ग्रामीण और शहरी जनसंख्या का अनुपात बदलता जा रहा है। हालांकि भारत में औद्योगिकीकरण की गति इतनी तेज़ भी नहीं है कि अर्थ व्यवस्था की रीढ़ बन सके। इसे आर्थिक संक्रमण का काल कहा जा सकता है। भारत की अर्थ व्यवस्था आज भी बहरहाल ग्राम्य आधारित ही है। संकटग्रस्त होने पर भी अर्थव्यवस्था की रीढ़ कृषि, पशुपालन और कुटीर उद्योग ही हैं। कृषि क्षेत्र के कार्पोरेटीकरण का प्रयास चल रहा है। पीढ़ी दर पीढ़ी खेती का रकबा कम होते जाने के कारण सहकारिता व अन्य विकल्पों पर विचार करना समय की मांग बन गई है। हालांकि विकसित देशों के अनुभव बताते हैं कि औद्योगीकरण से कृषि संस्कृति नष्ट नहीं होती, बल्कि और आधुनिक होकर फलती फूलती है। दुनिया के जिन देशों में औद्योगिक क्रांति अपना पूरा स्वरूप ग्रहण कर चुकी है वहां भी खेती-बाड़ी खत्म नहीं हुई है। आप कारखाने में कुछ भी उत्पादन कर लें लेकिन खाने के लिए तो अनाज की ही जरूरत पड़ेगी और वह मिट्टी से ही उगेगा। मशीनों से अनाज का उत्पादन तो नहीं हो सकता। खेत रहेंगे, खेती रहेगी तो स्वाभाविक रूप से गांव भी रहेंगे। आने वाले समय में यदि ग्रामीण अर्थ व्यवस्था संकट से उबरेगी, खेती, बागवानी लाभ का धंधा बन जाएगी तो शहरों की ओर पलायन का सिलसिला भी धीमा पड़ जाएगा। उद्योग प्रधान देशों में भी खेती-बाड़ी खत्म नहीं होती। उसका स्वरूप जरूर बदल जाता है।

लेकिन हमारी विधायिका, न्यायपालिका और कार्यपालिका की दृष्टि शहरोन्मुख है। मीडिया का भी यही नजरिया है। राजनीतिक नेतृत्व, योजनाकार, शासक-प्रशासक आदि तमाम लोग शहरी मानसिकता के हैं। इसीलिये आजीविका, स्वास्थ्य, शिक्षा और आर्थिकी सहित विकास के सभी प्रतिरूप शहर केन्द्रित ही है।

भारत में मीडिया या पत्रकारिता का नजरिया भी यही है। चूंकि आज भी भारत की आबादी का 70 प्रतिशत हिस्सा ग्रामीण है, इसलिए मीडिया प्रतिष्ठान

और समाचार पत्रों ग्रामीण आबादी, अर्थव्यवस्था और रीति-रिवाजों को कवरेज़ देते हैं। पिछले कुछ दशकों के अंदर एक बदलाव यह आया है कि ग्रामीण भारत में साक्षरता और शिक्षा की वृद्धि हुई है। साथ ही आवागमन के साधनों का भी विस्तार हुआ है। इससे ग्रामीण क्षेत्रों में समाचार पत्रों की पहुंच में भी काफी वृद्धि हुई है। ग्रामीणों की क्रय शक्ति में भी वृद्धि हुई है। इसके कारण बाजार की पहुंच भी बढ़ी है। सच तो यह है कि बाजार मीडिया के कंधों पर सवार होकर ही ग्रामीण क्षेत्रों में अपनी पहुंच बना रहा है। गांव तक विकास की पहुंच बनाने में पत्रकारिता का योगदान रहा है। पत्र-पत्रिकाएं शहर केन्द्रित तो हैं, लेकिन वे ग्रामोन्मुख भी हैं। मुख्यरूप से ग्रामीण अर्थ व्यवस्था ने बाजार और पत्रकारिता को अपनी ओर आकर्षित किया है। क्षेत्रीय, अनुमंडल और जिला स्तर पर समाचार-पत्रों के ब्यूरो और संस्करण इसी कारण बढ़ रहे हैं। प्रसार संख्या के लिहाज से भी भाषाई समाचार पत्र अंग्रेजी अखबारों से बहुत आगे निकल चुके हैं।

यह बात अलग है कि यह आकर्षण गांव-समाज के प्रति प्रेम या समर्पण के कारण नहीं है। यह प्रेम लाभ-हानि के गणित से उपजा है। मिशन के दौर के पत्रकार किसी विज्ञापन को प्रकाशित करने के पहले समाज पर उसके प्रभाव का आंकलन करते थे लेकिन आज पैसे के लिए कुछ भी प्रकाशित करने से परहेज़ नहीं करते। कहते हैं कि आचार्य हजारी प्रसाद द्विवेदी जब सरस्वती का संपादन करते थे तब एक बार उनके पास एक व्यापारी शक्कर की कुछ बोरियां लेकर आया और उसका विज्ञापन छापने को कहा। हजारी प्रसाद द्विवेदी ने काफी चिंतन के बाद तय किया कि इसका प्रकाशन उचित नहीं है। कुछ समय बाद जब वह व्यापारी उनके पास पहुंचा और विज्ञापन के संदर्भ में पूछा आचार्य द्विवेदी ने उस व्यापारी को शक्कर की बोरियां वापस ले जाने को कहा। उन्होंने व्यापारी को स्पष्ट कहा कि वे शक्कर का विज्ञापन छापकर गांव की अर्थव्यवस्था को नुकसान नहीं पहुंचाना चाहते, क्योंकि इससे गुड़ तैयार करने वाले किसानों का नुकसान होगा। गांव का कुटीर उद्योग नष्ट होगा। विज्ञापन से प्रभावित लोगों में गुड़ की जगह शक्कर के उत्पादन का चलन बढ़ेगा। उस समय के पत्रकारों के अंदर समाज के प्रति इतनी प्रतिबद्धता थी कि वे पैसे से ज्यादा मूल्यों को महत्व देते थे। आज के मीडिया को कामसूत्र और विकृति फैलाने वाले विज्ञापनों को स्वीकार में भी कोई संकोच नहीं है। यही फर्क है।

विकास और ग्रामीण पत्रकारिता को विशेष महत्त्व देने वाले समाचार पत्रों का अपना अलग इतिहास रहा है। भारत में पहला कृषि पत्र 'कृषि सुधार' सन 1914 में और 'कृषि' वर्ष 1918 में प्रकाशित हुआ। भारत सरकार के

प्रकाशन विभाग ने ग्रामीण पत्रकारिता को महत्व देते हुए 1946 में 'खेती' और 1950 में 'कुरुक्षेत्र' का प्रकाशन शुरु किया। वर्ष 1973 में भारतीय ग्रामीण समाचार पत्र संघ की स्थापना हुई। इसका उद्देश्य ग्रामीण पत्रों के स्तर को ऊंचा करना, विज्ञापन के लिए सामूहिक प्रयत्न करना तथा ग्रामीण पत्रकारिता की समस्याओं पर सामूहिक तौर पर विचार करना था।

भूमंडलीकरण के दौर में उपभोक्ता बाजार तेजी से ग्रामीण क्षेत्रों में प्रवेश करता जा रहा है। ग्रामीण क्षेत्रों में धीमी गति से ही सही लेकिन आर्थिक गतिविधियां बढ रही हैं। आर्थिक स्थिति में बदलाव के साथ ही ग्रामीण क्षेत्रों में सूचनाओं की भूख बढ़ रही है। विचारों का स्थान बढ़ रहा है। इसके कारण ग्रामीण क्षेत्रों में भी पत्रकारिता के लिए स्थान और गुंजाइश बढ़ रही है।

भूमंडलीकरण और ग्रामीण भारत

भारत एशिया का सबसे विशाल उपभोक्ता बाजार माना जाता है। इसलिए चीन समेत पश्चिमी देशों की बहुराष्ट्रीय कंपनियों की इसपर टकटकी लगी रहती है। खासतौर पर ग्रामीण और पर्वतीय इलाकों पर जहां खनिज संपदा भी है और अपेक्षाकृत सस्ता श्रम भी। उपभोक्ता भी और बाजार भी। प्राकृतिक संसाधनों से संपन्न देश है भारत। यहां खेती के लिए उपयुक्त उर्वर मैदानी इलाके भी हैं और खनिज संपदा के विशाल भंडार से युक्त पर्वतीय व पठारी क्षेत्र भी। मौसमों का चक्र भी विविधतापूर्ण है। इसीलिए यह प्राचीन काल से ही विश्व भर के देशों के लिए आकर्षण का केंद्र रहा है। आज विश्व व्यापार संगठन विशालकाय कंपनियों को विकासशील देशों में ज्यादा से ज्यादा सहूलियतें दिलाने के लिए तरह-तरह के नियम बनाता है और समझौते करता है। भारत 90 के दशक से आर्थिक उदारीकरण की दिशा में सक्रिय है और विश्व व्यापार संगठन में शामिल रहा है। हालांकि भारत की गिनी चुनी कंपनियां ही बहुराष्ट्रीय स्वरूप प्राप्त कर सकी हैं।

आरसीईपी समझौते की जंग

हाल में भारत के किसान संगठनों और पत्रकारों ने संयुक्त अभियान चलाकर सरकार को विश्व व्यापार संगठन के एक आत्मघाती समझौते में शामिल होने से रोक दिया। केंद्र सरकार मुक्त व्यापार संगठन रीजनल कॉंप्रहेंसिव इकोनॉमिक पार्टनरशिप यानी आरसीईपी समझौते पर हस्ताक्षर करने का निर्णय ले चुकी

थी। वाणिज्य मंत्री वार्ता को लिए बैंकाक जानेवाले थे। इसके बाद अगली बैठक में प्रधानमंत्री नरेंद्र मोदी को समझौते पर हस्ताक्षर करना था। यह छोटे उद्यमियों और किसानों के लिए खतरे की घंटी था। इसके खिलाफ राष्ट्रीय किसान महासंघ से जुड़े देशभर के किसान संगठनों ने आंदोलन का ऐलान किया। दिल्ली में महासंघ की बैठक हुई। वाणिज्य मंत्री पियूष गोयल का पुतला दहन कर विरोध प्रकट किया गया। मीडिया में समझौते के खिलाफ आवाज़ बुलंद की गई। लगातार लेख और रिपोर्ट के जरिए सरकार को इससे परहेज़ करने को आगाह किया गया। विभिन्न राज्यों के किसानों ने जिला प्रशासन के जरिए प्रधानमंत्री के नाम ज्ञापन भेजे। लाखों की संख्या में पोस्टकार्ड भेजे गए। सरकार ने जन भावना को समझा। अभियान सफल रहा। प्रधानमंत्री ने बैंकाक में आरसीइपी की बैठक में शिरकत की लेकिन इसमें शामिल होने से इनकार कर दिया।

आरसीइपी दरअसल आसियान में शामिल पूर्वी एशिया के देशों के बीच का समझौता है। इसमें इंडोनेशिया, थाइलैंड, सिंगापुर, मलेशिया, फिलीपींस, वियतनाम, म्यांमार, ब्रुनेई, कंबोडिया और लाओस समेत कुल दस देश शामिल हैं। 2010 में चीन भी इसका हिस्सा बन गया। 2010 में चीन और आसियान देशों के बीच व्यापार का संतुलन आसियान के पक्ष में था। आसियान के सदस्य देश चीन से आयात कम और उसे निर्यात अधिक करते थे। व्यापारिक मोर्चे पर आसियान को 53 अरब डॉलर की बढ़त हासिल थी। लेकिन चीन के शामिल होने के बाद वर्ष 2016 तक तस्वीर पूरी तरह बदल गई। आसियान देशों का बाजार चीनी उत्पादों से पट गया। आसियान देशों से चीन को होने वाला निर्यात घट गया और आयात बढ़ गया। इसके कारण संतुलन बिगड़ा और आसियान को 54 अरब डॉलर का घाटा होने लगा। आसियान देशों को चीन के साथ समझौता महंगा पड़ा। उन्हें भारी नुकसान हुआ।

बाद में आसियान से चीन के अलावा ऑस्ट्रेलिया, न्यूजीलैंड, भारत, जापान और दक्षिण कोरिया भी जुड़ गए। इस जुडाव को आरसीइपी कहा गया। यह एक बेमेल समझौता साबित हुआ। यदि भारत इस व्यापार समझौते का हिस्सा बनता तो पूर्वी एशिया, चीन, ऑस्ट्रेलिया, न्यूजीलैंड इत्यादि देशों के साथ मुक्त व्यापार व्यवस्था लागू हो जाती और इन देशों के उत्पाद जीरो आयात शुल्क पर भारतीय बाजार में प्रवेश कर जाते। भारत के किसान संगठनों और कृषि आधारित उद्योगों का मानना था कि आरसीइपी के कारण भारत में सस्ते आयात बढ़ते और पहले से मुश्किल में फंसे किसानों और छोटे उद्यमियों का अस्तित्व और संकट में आ जाता। डेयरी उद्योग तो पूरी तरह नष्ट हो जाता।

चार-छह गायें पालकर घर-परिवार का पोषण करने वाले गौपालकों को दूध की कीमत मिलनी मुश्किल हो जाती। अमूल कंपनी को डर था कि न्यूजीलैंड का मिल्क पाउडर भारतीय डेयरी उद्योग को बर्बाद कर देगा। उसके सीइओ ने वाणिज्य मंत्रालय को लगातार स्थितियों से अवगत कराया। चीन और न्यूजीलैंड के शामिल होने के बाद खुद आसियान देशों का अनुभव कड़वा रहा है। भारत के लिए भी यह कड़वा घूंट ही साबित होता। इसके बाद भारत का बाजार चीन के लिए और सुगम हो जाता इसलिए चीन भारत पर इसमें शामिल होने के लिए दबाव डाल रहा था।

मुक्त व्यापार का सीधा तकाजा है कि किसी वस्तु का उत्पादन वही देश करे जो उसका सबसे सस्ती दर पर उत्पादन कर सके। ताकि सदस्य देशों को वह वस्तु सस्ते में उपलब्ध हो। इस मामले में चीन को महारत हासिल है। उसका मुकाबला करना मुश्किल है। यही कारण है कि चीन के शामिल होने के बाद चीनी उत्पाद सदस्य देशों के बाजार में छा गए और आसियान में शामिल देश इस मामले में पिछड गए। उनका आयात और निर्यात का अनुपात बिगड़ गया। यह व्यावसायिक प्रतियोगिता की जगह आत्मघात का सौदा बन गया। भारत आयात शुल्क वसूलने के बावजूद पहले से ही चीन के साथ व्यापारिक घाटा उठा रहा है। आयात शुल्क शून्य हो जाने पर भारत का बाजार पूरी तरह चीनी उत्पाद से पट जाता। इससे घरेलू उत्पाद दबाव में आ जाते। इस समझौते में सभी वस्तुओं एवं सेवाओं को शामिल नहीं किया गया है। जैसे भारत में सॉफ्टवेयर, अनुवाद कार्य और सिनेमा इत्यादि किफायती होने के साथ अच्छी गुणवत्ता वाले होते हैं, लेकिन आरसीइपी के तहत इसका लाभ नहीं मिलता। इसमें सिर्फ औद्योगिक उत्पादों को शामिल किया गया है। सेवा क्षेत्र को इससे बाहर रखा गया है। समझौते में शामिल होने पर होता यह कि भारत जिन वस्तुओं का सस्ता उत्पादन नहीं कर पाता उनका आयात बढ़ जाता और जिस सेवा क्षेत्र में भारत को महारथ हासिल है वे समझौते की सूची में शामिल नहीं होते तो निर्यात घट जाता। आयात-निर्यात का पहले से असंतुलित अनुपात और असंतुलित हो जाता। इसलिए यह भारत के लिए पूरी तरह घाटे का सौदा होता। ग़नीमत है कि प्रधानमंत्री ने मीडिया और किसान संगठनों की आवाज़ को सुना, भावनाओं को समझा और इस आत्मघाती समझौते से पीछे हट गए।

आमतौर पर इस तरह के मुक्त व्यापार समझौतों से बड़े उद्योगों और बहुराष्ट्रीय कंपनियों को ही लाभ होता है। वे किसी एक स्थान पर बड़े पैमाने पर माल का उत्पादन कर उसका निर्यात कर सकती हैं। छोटी कंपनियों के लिए यह संभव नहीं है। भारत में छोटी कंपनियों की बहुतायत है। रोजगार के

अधिकतर अवसरों का भी उन्हीं में सृजन होता है। आरसीइपी में शामिल होने पर छोटे उद्यमियों और किसानों का बंटाढार हो जाता। इस लिहाज से केंद्र सरकार ने इससे बाहर रहने का फैसला कर एक और आर्थिक झंझावात आने से रोक लिया। यह नोटबंदी और जीएसटी से भी ज्यादा घातक हो जाता।

इसमें कोई दो राय नहीं कि मुक्त व्यापार से प्रतिस्पर्द्धा बढ़ती है। उद्यमियों की कार्यकुशलता और क्षमताएं बेहतर होती हैं। उत्पादों की गुणवत्ता विश्वस्तरीय हो जाती हैं। लेकिन भारत अभी इसके लिए तैयार नहीं हो सका है। सरकार को आरसीइपी से बाहर रहकर ही अर्थव्यवस्था को मजबूत करना होगा। चीन की तरह सस्ता माल बना पाने की भारत के पास न तकनीक है न परिस्थितियां। चीन में श्रम कानून कमजोर हैं और भ्रष्टाचार के माध्यम से उद्योगों को बढ़ावा देने में उसे परहेज़ नहीं है। काले धन से उसे परेशानी नहीं है। स्विस बैंकों की तर्ज पर उनसे मकोय में अपना टैक्स हेवेन बना रखा है। पर्यावरण संरक्षण की वह बिल्कुल परवाह नहीं करता। औद्योगिक प्रदूषण की अनदेखी करता है। भारत उसके रास्ते पर नहीं चल सकता। भारत में उत्पादन लागत ज्यादा होने की एक वजह उद्योगों में प्रदूषण नियंत्रण के प्रति सतर्कता और इस मद में होने वाला खर्च भी है। भारत विश्व व्यापार संगठन के उन्हीं मुक्त व्यापार समझौतों में शामिल हो सकता है जिनमें सेवा क्षेत्र भी शामिल हो।

प्रायः देखा गया है कि औद्योगीकरण की प्रक्रिया में किसान खेती-बाड़ी छोड़कर शहरों में औद्योगिक मजदूर के रूप में परिणत होते जाते हैं। ग्रामीण और शहरी आबादी का अनुपात असंतुलित होता जाता है। यह दो आर्थिक संस्कृतियों के संक्रमण की प्रक्रिया है। ग्रामीण आबादी का यह संकट भारत ही नहीं दुनिया के लगभग हर देश में मौजूद है। इसकी प्रकृति में जरूर थोड़ा अंतर है। तमाम विकसित देशों में छोटे किसान और खेत लुप्त होते जा रहे हैं और कृषि भूमि का बड़ा हिस्सा कार्पोरेट कंपनियों के हाथों में सिमटता जा रहा है। कनाडा में वर्ष 1941 में जितनी ग्रामीण आबादी थी वह 1996 तक सिमटकर एक चौथाई रह गई। यह सिलसिला आज भी जारी है। अमेरिका में वर्ष 1935 में 68 लाख किसान थे जो नवें दशक तक वे घटकर 19 लाख बच गए। रीगन के राष्ट्रपतिकाल तक हर 8 मिनट में एक किसान खेती-किसानी का व्यवसाय छोड़ रहा था। आज अमेरिका में 50 प्रतिशत से अधिक कृषि भूमि मुट्ठी भर हाथों में है। कृषि क्षेत्र में बड़ी कंपनियों का वर्चस्व कायम है। भूमंडलीकरण के दौर में कृषि क्षेत्र में काम करने वाली वह बहुराष्ट्रीय कंपनियां अब विकासशील देशों में अपना जाल फैला रही हैं।

यूरोपीय यूनियन के 6 देशों में 1957 के जमाने में 2 करोड़ 20 लाख

किसान हुआ करते थे जो 2003 तक सिमटकर 70 लाख रह गए। ब्रिटेन में वर्ष 1953 में 4,54,000 किसान थे जो 1981 तक घटकर 2,42,300 रह गए। लैटिन अमेरिकी देशों में भी गांवों की आबादी सिमट गई है। वे शहरी आबादी के देश बन गए हैं। उनमें से कुछ देशों की शहरी जनसंख्या का प्रतिशत विकसित देशों से भी ज्यादा हो गया है। वहां शहरी आबादी 80 प्रतिशत तक पहुंच चुकी है। ग्रामीण आबादी का दबाव बढ़ने के कारण शहरों में स्लम बस्तियों का अप्रत्याशित विस्तार हो गया है।

भारत में फिर भी आबादी का बड़ा हिस्सा अभी ग्रामीण है। परिवार के कुछ सदस्य नौकरीपेशा के लिए शहरों में गए भी हैं तो गांवों से उनका संबंध बना हुआ है। लेकिन हस्त शिल्पकार, भूमिहीन खेतिहर मजदूर और छोटे किसान जो गावों में रह रहे हैं, भारी आर्थिक संकट से गुजर रहे हैं। मध्यम श्रेणी के किसान भी इससे प्रभावित हुए हैं। वे अभावग्रस्त और तनावग्रस्त जीवन जीने को अभिशप्त हैं। कौशल विकास योजना के जरिए उनके जीवन को बेहतर बनाने का प्रयास हुआ लेकिन इसके क्रियान्वयन में गड़बड़ियां रह गईं जिसके कारण अपेक्षित परिणाम नहीं निकल पाए। आर्थिक संकट के कारण ग्रामीण निवासियों का तनाव ज्यादा बढ़ जाता है तो आत्महत्या की घटनाएं घटित होती हैं। इसपर रोक लगाने का किसी स्तर पर कारगर उपाय नहीं निकाला जा रहा है। सिर्फ आंकड़ों की बाजीगरी की जा रही है।

आर्थिक संकट का मुख्य कारण ग्रामीण क्षेत्रों में रोजगार के अवसरों का सिमटता दायरा और बहुराष्ट्रीय कंपनियों का बढ़ता दबाव है। किसानों को उनकी उपज का लाभकारी मूल्य नहीं मिल पाता। लाभ का अधिकांश प्रतिशत बाजार के हिस्से में चला जाता है। दूसरी बात यह कि अधिकांश कृषि उत्पाद कृषि आधारित उद्योगों का कच्चा माल बन जाते हैं और उनका नियंत्रण उद्योग जगत के हाथों में होता है। एक गौपालक को प्रति लीटर दूध की कीमत बमुश्किल 20-21 रुपये मिलेगी जबकि डेयरी की प्रसंस्करण इकाई से निकलने के बाद वही दूध उपभोक्ताओं को 40 से 50 रुपये में मिलेगा जबकि डेयरी उद्योग उससे निकाले गए क्रीम से अलग लाभ कमाएगा। जितने तरह के सह उत्पाद बनेंगे लाभ का प्रतिशत बढ़ता जाएगा। किसान को एक किलो आलू का 8-10 रुपया मिलेगा लेकिन वही आलू जब चिप्स बन जाएगा तो खुले में 150 से 200 रुपये किलो तक बिकेगा। पैकेजिंग के बाद उसका 20-20 ग्राम का पैकेट लोगों को 10-10 रुपये में मिलेगा। उद्योग और बाजार के दो पाटों में एक तरफ किसान पिस रहे हैं दूसरी तरफ उपभोक्ता। किसान को उद्योगपति नहीं बनाया जाता। उद्योगपतियों को उनके सिर पर सवार कर दिया जाता है।

गांव के अधिकांश मेहनतकशों के बाहर रहने के कारण गांव में अवसर कम होते जा रहे हैं। अपने गांव की मिट्टी से रोटी प्राप्त करने की संभावना कम होती जा रही है। इसके कारण धीरे-धीरे उनका गांव से नाता टूटता चला जा रहा है। यदि सरकार कृषि आधारित कुटीर और लघु उद्योगों के विस्तार की नीति अपनाती तो इस संकट को काफी हद तक कम किया जा सकता था। ग्रामीण क्षेत्रों को पश्चिमी देशों की तर्ज पर बर्बादी ओर बढ़ने देना दुर्भाग्यपूर्ण होगा।

कमजोर वर्ग के ग्रामीण परिवांरों को अपने ही गांव में मेहनत कर बुनियादी जरूरतें पूरी करने में सक्षम बनाने के लिए ही मनरेगा जैसी योजनाएं आई थीं लेकिन वह सरकारी तंत्र के भ्रष्टाचार और राजनीति की भेंट चढ़ गईं। किसानों को अपने पावों पर खड़ा करने की कोशिश नहीं हो रही है उसकी जगह अब किसानों को उनके खाते में नकद राशि हस्तांतरित करने की नीति अपनाई जा रही है। यह रकम इतनी नहीं होती कि उनका गुजर-बसर हो सके लेकिन वोटों की राजनीति में उनका खास तरह से इस्तेमाल का रास्ता तैयार हो जाता है। यदि किसान परिवार गांव में रहते हुए अपनी आर्थिक जरूरतें पूरी करने में सक्षम होते तो गांव व आसपास के खेत, चरागाह, वन तथा जलस्रोतों को सुधारकर गांव के पर्यावरण की रक्षा की संभावनाओं को बढ़ा पाते। लेकिन इस दिशा में न कोई सोच है न प्रयास।

पर्यावरण का संकट औद्योगिक संस्कृति की देन है। इसमें सिर्फ औद्योगिक इकाइयों से निकलने वाले कचरे का ही नहीं, रासायनिक खेती का भी योगदान है। खेतों में डाले जाने वाले खाद और कीटनाशक मिट्टी की उर्वरा शक्ति को तो नष्ट करते ही हैं बरसात में उनका जहर नदियों, तालाबों और अन्य भूतलीय जल स्रोतों को भी प्रदूषित करता है। इसका एकमात्र निदान जैविक खेती है। सरकार सैद्धांतिक रूप से इसे प्रोत्साहित भी कर रही है। लेकिन सच्चाई यह है कि कृषि क्षेत्र से किसानों का मोहभंग हो चला है और यह क्षेत्र सरकार की प्राथमिकता की सूची से भी बाहर है। कृषि भूमि पर रियल एस्टेट के खिलाड़ियों और बहुराष्ट्रीय कंपनियों की टकटकी जरूर लगी हुई है। वे इसपर काबिज होने के प्रयास में लगे हैं। सरकार भी उनकी मददगार बनी हुई है। कुल मिलाकर पश्चिमी देशों की परिघटना को दुहराया जा रहा है। जो काम बहुराष्ट्रीय कंपनियों के जरिए कराया जा रहा है उसे सहकारिता के जरिए किसानों से और बेहतर तरीके से कराया जा सकता है।

पर्यावरण संरक्षण का मुद्दा भी गंभीर है। पर्यावरण को नष्ट करने में पश्चिमी देशों का बड़ा योगदान है लेकिन वे इसका ठीकरा विकाशसील देशों पर फोड़ते हैं। बहरहाल अब समय आरोप-प्रत्यारोप का नहीं, धरती पर जीवन

बचाने के लिए एकजुट प्रयास का है। प्राकृतिक संसाधनों का समतामूलक उपयोग हो और उनकी रक्षा सामूहिक भागीदारी के जरिए की जाए तो इसका हल निकाला जा सकता है। इसके लिए जरूरी है कि प्रकृति का विनाश करने वाली तकनीक का परित्याग किया जाए। मिट्टी की उर्वरकता को बचाया जाए। जलस्रोतों में जहरीले रसायनों को पहुंचने से रोका जाए। खाद्य चक्र को जहरीले पदार्थों से मुक्त रखा जाए। यह जैविक खेती और उद्योगों में पर्यावरण संरक्षण के ठोस उपायों से ही संभव है।

जरूरत इको-फ्रेंडली तकनीक विकसित करने और अपनाने की है। ग्रामीण क्षेत्रों की बात करें तो वहां की अर्थव्यवस्था में कृषि के साथ अन्य रोजगार भी जोड़े जाने चाहिए। अपनी जरूरत की चीजों का उत्पादन ग्रामवासी स्वयं करें तभी गांवों की तस्वीर और तक़दीर बदलेगी। शिक्षा, चिकित्सा आदि बुनियादी सुविधाओं की व्यवस्था हो। सामाजिक बुराइयों के खिलाफ अभियान चले। पंचायती व्यवस्था सुचारू ढंग से काम करे। लैंगिक भेदभाव की भावना खत्म हो यह जरूरी है। यदि पश्चिमी देशों में औद्योगीकरण के कारण शहरो का विकास और गावों विनाश हो रहा है तो जरूरी नहीं कि भारत भी उसी रास्ते पर चले।

भारत आबादी के लिहाज से चीन के बाद विश्व का दूसरा सबसे बड़ा देश है। एक दशक बाद जनसंख्या के मामले में इसके चीन को पार कर जाने की संभावना है। बड़ी आबादी वाले देश कुटीर और लघु उद्योगों के जरिए ही अपने मानव संसाधन को रोजगार से जोड़ सकते हैं। चीन ने इसे सफलतापूर्वक कर दिखाया है। हमारी विडंबना यह है कि हम कुटीर और लघु उद्योगों में उत्पादित किए जा सकने वाले उत्पाद भी चीन से आयात कर रहे हैं और अपने यहां इस सेक्टर की पूरी तरह अनदेखी कर रहे हैं। हम अपनी अर्थ व्यवस्था मजबूत करने की जगह विदेशी निवेश को आकर्षित करने के प्रयास में लगे हैं। अर्थ व्यवस्था के संकट में होने का यह बड़ा कारण है। देसी उद्योगों की उपेक्षा कर विश्व व्यापार संगठन में शामिल होने पर हम फिलहाल एक प्रतियोगी देश नहीं बन सकते। विकसित देशों का उपनिवेश जरूर बन सकते हैं।

जोश के साथ होश नहीं शामिल हो तो फैसले आत्मघाती होने लगते हैं। इस संतुलन को बनाए रखने में मीडिया की भूमिका अहम हो सकती है। आरसीइपी में शामिल होने से रोकने के अभियान में ग्रामीण पत्रकारिता की भूमिका उतनी अधिक नहीं हो पाई जितनी राष्ट्रीय मीडिया की। यह मुद्दा वैश्विक था लेकिन ग्रामीण भारत को सबसे ज्यादा प्रभावित करने वाला था।

सजग ग्रामीण पत्रकार ही ऐसे मुद्दों की बारीकी समझ सकते हैं और आवश्यक हस्तक्षेप कर सकते हैं। उन्हें गावों को प्रभावित करने के वाले स्थानीय मुद्दों के अलावा राष्ट्रीय-अंतर्राष्ट्रीय मुद्दों पर भी नज़र रखनी होगी। तभी वे अपनी भूमिका अदा कर पाएंगे।

पत्र, पत्रकार और मीडिया जगत

इस पुस्तक का मकसद ग्रामीण पत्रकारिता की मौजूदा स्थिति, संभावनाओं और चुनौतियों की चर्चा करना है। लेकिन इसकी शुरुआत मीडिया के स्वरूप, इसके विभिन्न आयामों पर एक नज़र डालने के जरिए ही की जानी चाहिए। यह जरूरी है। मीडिया के प्रति आज हर युवा के अंदर आकर्षण देखा जा रहा है। अब यह मिशन की जगह कार्पोरेट जगत का हिस्सा बनता जा रहा है, जिसमें रोजगार की असीम संभावनाएं नज़र आ रही हैं। यह रूझान सिर्फ शहरों और महानगरों तक सीमित नहीं है। ग्राणीण क्षेत्रों के युवा भी इसकी ओर तेज़ी से आकर्षित हो रहे हैं। वे पत्रकारिता का कोर्स करके भी इस क्षेत्र में उतरते हैं और कोर्स किए बिना एक जुनून के तहत भी। इस पेशे में ग्लैमर भी है और पैसा भी। लिहाजा जो लोग इस पेशे में उतरना चाहते हैं अथवा जो उतर चुके हैं, उनके लिए कुछ बुनियादी बातों को जान लेना जरूरी है। मीडिया की दुनिया कैसी है और इसमें सफलता के लिए अपने अंदर कौन से गुण विकसित करने होते हैं। इसे समझ लेने की जरूरत है।

एक बात साफ समझ लेनी चाहिए कि मीडिया की दुनिया सिर्फ सामयिक खबरों तक सीमित नहीं है। इसके अंदर समाचार, विचार, फीचर, फोटोग्राफी, मनोरंजन, ज्ञान आदि बहुत कुछ शामिल है। आम तौर पर समाचार पत्रों के साथ अलग-अलग विषयों पर परिशिष्ट भी शामिल होते हैं। जिनमें उन विषयों पर शोधपरक सामग्री होती है। जीवन के किसी भी क्षेत्र में सफल होने के लिए मनुष्य के पास सामान्य ज्ञान का होना आवश्यक माना जाता है। सामान्य ज्ञान के लिए देश-दुनिया की हलचलों से वाकिफ रहना होता है। इसके लिए इंटरनेट तो है ही लेकिन आज भी सूचनाओं का सबसे विश्वसनीय माध्यम अखबार को ही माना जाता है। आज के अखबार में जीवन के हर रंग को, हर

पहलू को समेट लिया जाता है।

अखबार के साथ ही मीडिया के दूसरे रूप अर्थात रेडियो, टेलीविजन और इंटरनेट भी मौजूद है। टेलीविजन पर समाचार बुलेटिन पढ़े जाते हैं। सामयिक घटनाओं का विश्लेषण किया जाता है। परिचर्चा होती है जिसमें विभिन्न पक्ष और विषय के विशेषज्ञ अपनी राय देते हैं। इसमें ज्ञान भी होता है और मनोरंजन भी। कम्प्यूटर और स्मार्ट फोन पर भी इंटरनेट के माध्यम से ई-पेपर पढ़ा जा सकता है, हम उसमें देश दुनिया के समाचार सिर्फ पढ़ नहीं सकते बल्कि वीडियो के जरिएं लाइव भी देख सकते हैं। आज के समय में मीडिया में रोजगार की पर्याप्त संभावनाएं मौजूद हैं। हम उसमें अपने को कहां समायोजित कर सकते हैं यह हम पर निर्भर करता है।

प्रिंट मीडिया

पत्रकारिता की शुरुआत प्रायः एक शौक के रूप में होती है। बाद में इसके अंदर रोजगार की संभावनाएं तलाशी जाती हैं। यदि आपके अंदर पत्रकारिता का जुनून है तो सबसे पहले इसकी चुनौतियों को समझ लेना चाहिए इसके बाद ही इस मैदान में उतरना चाहिए। यदि आप प्रिंट मीडिया में दिलचस्पी रखते हैं तो आपको तय करना होगा कि आप रिपोर्टिंग के क्षेत्र में आना चाहते हैं या संपादन के क्षेत्र में। कार्टुनिस्ट बनना चाहते हैं या फोटो जर्नलिस्ट। रिपोर्टिंग गांव में रहकर की जा सकती है। कार्टुन भी गांव में रहकर बनाया जा सकता है। लेकिन संपादन के लिए अखबार के दफ्तर या ब्यूरो कार्यालय में बैठना होगा। भारत में गिने चुने गावों से ही पत्र-पत्रिकाओं का प्रकाशन होता है। आने वाले समय में जब गांव पंचायत से भी अखबार छपने शुरू होंगे तो ग्रामीण क्षेत्रों में भी संपादन का काम एक कैरियर का रूप ले सकेगा। फिलहाल इसकी गुंजाइश नहीं के बराबर है। प्रिंट मीडिया का रिपोर्टर पूरे दिन खबरों की तलाश में लगा रहता है जबकि संपादक उन खबरों को तराश कर आकर्षक और पठनीय बनाता है। उन्हें उपयुक्त जगह देता है। एक समाचार पत्र की संपादकीय टीम में प्रधान संपादक, संपादक, सहायक संपादक, समाचार संपादक, मुख्य उपसंपादक, वरिष्ठ उपसंपादक और उपसंपादक होते हैं। ब्यूरो कार्यालय में एक प्रभारी, कई रिपोर्टर और विज्ञापन तथा प्रसार प्रबंधक होते हैं। रिपोर्टर के रूप में भी कार्य करने के लिए शैक्षणिक योग्यता के साथ ही विषय पर पूरी पकड़ और विशेषज्ञता की जरूरत पड़ती है। अखबार की ओर से बहुत सारे बीट अथवा विषय तय किए गए होते हैं जिनपर विशेषज्ञता के

आधार पर रिपोर्टर नियुक्त किए जाते हैं। मसलन राजनीति, शिक्षा, स्वास्थ्य, चिकित्सा, अर्थ-व्यवसाय, कार्पोरेट, पर्यटन, कृषि, अपराध, विकास, फैशन, खेल, न्यायपालिका, कार्यपालिका आदि। हालांकि उनमें सबसे महत्त्वपूर्ण और आवश्यक बीट राजनीति होती है। विधायी मामले भी इसके अंतर्गत आते हैं और राजनीतिक दलों की गतिविधियां भी। समाचार डेस्क के साथ अखबार में फीचर डेस्क भी होता है जिसमें फीचर संपादक, लेखक, फोटो जर्नलिस्ट और कार्टूनिस्ट के रूप में भी कार्य करने का अवसर होता है। पत्रकारिता के अतिरिक्त कम्प्यूटर ऑपरेटर, डिजाइनर, प्रूफ रीडर, पेज सेटर, विज्ञापन प्रबंधक, एचआर और प्रसार प्रबंधक के रूप में भी काम के अवसर होते हैं।

रेडियो पत्रकारिता

रेडियो स्टेशनों से भी समाचार बुलेटिनों का लंबे समय से प्रसारण होता रहा है। उनका अपना संपादकीय विभाग और रिपोर्टरों का नेटवर्क होता है। अगर सामयिक विषयों में रुचि हो और आवाज़ अच्छी हो तो इसमें सफलता की पूरी गुंजाइश होती है। रेडियो स्टेशनों में एनाउंसरों और पत्रकारों की समय-समय पर नियुक्तियां होती हैं। आवाज़ की जांच में सफल होने के बाद नियोजन का रास्ता खुल जाता है। बीबीसी, वॉयस ऑफ अमेरिका जैसे अंतर्राष्ट्रीय स्तर के रेडियो स्टेशनों के अलावा ऑल इंडिया रेडियो के क्षेत्रीय केंद्रों में भी समाचार बुलेटिन प्रसारित होते हैं और संवाददाता नियुक्त किए जाते हैं। अब सामुदायिक रेडियो के रूप में एक नए प्लेटफार्म की गुंजाइश बनी है। इसे सीमित संसाधनों के साथ सीमित इलाके के लिए संचालित किया जा सकता है। इसमें भी रोजगार की संभावनाएं हैं। लेकिन इनमें समाचार बुलेटिन के प्रसारण की फिलहाल अनुमति नहीं दी गई है। फिर भी सामुदायिक रेडियो एक सशक्त माध्यम है जो देश के हर ग्रामीण को अपनी बात कहने की पूरी आजादी देता है। विश्व की 95 फीसदी जनसंख्या तक रेडियो की पहुंच है, जिसमें सामुदायिक रेडियो दूर-दराज के समुदायों और छोटे समूहों तक कम लागत में पहुंचने वाला संचार का सबसे आसान साधन है। सबसे ज्यादा सामुदायिक रेडियो स्टेशन तमिलनाडु, उत्तर-प्रदेश और महाराष्ट्र में है। कहीं यह आदिवासियों की आवाज़ बना है तो कहीं पहाड़ी समुदाय की। आपदा के समय तो सामुदायिक रेडियो की भूमिका और महत्वपूर्ण हो जाती है। कम पढ़े-लिखे लोग भी रेडियो पर अपनी बात रख सकते हैं। इसके जरिए ग्रामीणों को सरकारी योजनाओं की जानकारी दी जा सकती है। उनपर चर्चा कराई जा

सकती है। इन सबके लिए सामुदायिक रेडियो एक अच्छा माध्यम हो सकता है। सामुदायिक रेडियो केंद्रों द्वारा कृषि, स्वास्थ्य, शिक्षा, सामुदायिक विकास, संस्कृति, लोकगीत कार्यक्रमों को प्रसारित किया जाता है। उनमें काम करने वाली टीम स्थानीय होती है जिसे समय-समय पर कुछ संस्थाएं प्रशिक्षण भी देती रहती हैं, ये टीम ज्यादातर सामुदायिक स्तर पर वालेंटियर का काम करती है। सामुदायिक रेडियो के खुलने से ग्रामीण क्षेत्रों में लोग रेडियो ज्यादा खरीदने लगे हैं इनमें स्थानीय स्तर पर भैंस खो जाना, सर्टिफिकेट गुम हो जाना, बच्चा खो जाना जैसी सूचनाओं को भी प्रसारित किया जाता है। कई बार समुदाय की खोयी हुई चीजें उन्हें रेडियो प्रसारण के द्वारा आसानी से मिल भी जाती है। भारत सरकार ने वर्ष 2006 में सामुदायिक रेडियो के दिशा-निर्देश की अधिसूचना जारी की थी। इस अधिसूचना में यह कहा गया कि गैर सरकारी संगठन, नागरिक सामाजिक संगठन और शैक्षणिक संस्थानों को सामुदायिक रेडियो स्टेशन संचालित करने की अनुमति दी जाएगी। वर्तमान समय में पूरे देश में 200 से ज्यादा सामुदायिक रेडियो केंद्र चल रहे हैं। सामुदायिक रेडियो अपनी परिचर्चा में ग्रामीण क्षेत्रों की छुपी हुई प्रतिभाओं को भी शामिल करता है। सामुदायिक रेडियो के लिए कोई भी गैर सरकारी संगठन और शिक्षण संस्थान लाइसेंस के लिए आवेदन कर सकता है। लेकिन उनका कम से कम तीन साल से पंजीकृत होना अनिवार्य है। सामुदायिक रेडियो के लिए किसी तरह की केंद्रीय वित्त सहायता उपलब्ध नहीं है। लाइसेंस के हकदार वही होते हैं जो 100 वाट रेडियो स्टेशन चलाते हों और उनका कार्यक्षेत्र कम से कम 12 किलोमीटर की त्रिज्या में हो। इसके संचालक को अधिकतम 30 मीटर ऊंचा एंटीना लगाने की अनुमति दी जाती है। सामुदायिक रेडियो स्टेशनों से उम्मीद की जाती है कि उनके कम से कम 50 प्रतिशत कार्यक्रम स्थानीय स्तर पर, स्थानीय भाषा में होंगे। ग्रामीण भारत को जागरुक करने में इनकी अहम भूमिका हो रही है।

इलेक्ट्रोनिक मीडिया

आज देश में टीवी चैनलों की भरमार है। खबरिया चैनलों से लेकर मनोरंजन, अध्यात्म, स्वास्थ्य, कृषि आदि विविध विषयों पर केंद्रित कई हजार चैनल टीवी पर मौजूद हैं। उन्हें डीटीएच के जरिए देखा जा सकता है। इनके बुलेटिन चौबीसों घंटे चलते रहते हैं। रोजगार की संभावनाओं की दृष्टि से देखें तो उनके अंदर रिपोर्टिंग, एंकरिंग, वीडियो एडिटिंग, कॉपी एडिटिंग, स्क्रिप्ट

राइटिंग, प्रोड्यूसिंग, मार्केटिंग जैसे दर्जनों काम हैं। इसके लिए संबंधित कार्य के प्रशिक्षण और दक्षता की जरूरत होती है। टीवी चैनलों में गांव-समाज पर आधारित कार्यक्रम भी होते हैं। भारत सरकार के सूचना प्रसारण मंत्रालय ने भी एक कृषि आधारित चैनल की शुरुआत की है।

डिजिटल मीडिया

इंटरनेट के आगमन के बाद मीडिया के एक नए आयाम के रूप में डिजिटल मीडिया का आगमन हुआ है। इसके अंतर्गत ब्लॉग, वेबसाइट, पोर्टल आदि आते हैं। इसकी खूबी यह है कि इसे धरती के किसी हिस्से में कंप्यूटर अथवा स्मार्ट फोन पर देखा और पढ़ा जा सकता है। देखने के बाद तुरंत प्रतिक्रिया दी जा सकती है। किसी भी भाषा में इसे संचालित किया जा सकता है। उस भाषा के जानकार चाहे दुनिया के किसी हिस्से में हों, इससे आसानी से जुड़ सकते हैं। इसका निबंधन अंतर्राष्ट्रीय एजेंसियों के द्वारा कराया जा सकता है। कई ऐसे भी प्लेटफार्म हैं जो इसके लिए निःशुल्क सुविधाएं भी प्रदान करते हैं। अन्यथा डोमेन और साइबर होस्टिंग लेकर अपना डिजिटल प्लेटफार्म बनाया जा सकता है। इसे व्यक्तिगत रूप से भी चलाया जा सकता है और एक टीम के जरिए भी। कई ऑनलाइन एजेंसियां कार्पोरेट और डिजिटल मीडिया के बीच विज्ञापन की कड़ी के रूप में सहयोग करती हैं। सोशल साइट उनके लिंक को दर्शकों तक पहुंचाते हैं। गूगल की विज्ञापन एजेंसी एडसेंस रैंकिंग के आधार पर डिजिटल प्लेटफार्म को सूचीबद्ध करती है। एडसेंस में एप्रूव होने के बाद डिजिटल प्लेटफार्म को पोस्ट के विषय के अनुरूप विज्ञापन भी मिलता है। उसमें प्रति एक हजार क्लिक के आधार पर भुगतान भी प्राप्त होता है। एडसेंस के अलावा भी बहुत सी ऑनलाइन मार्केटिंग कंपनियां हैं जो डिजिटल मीडिया के लिए अपने उत्पादों को ग्राहकों तक पहुंचाती हैं और इसके एवज में कमीशन देती हैं। लगभग सभी समाचार पत्रों और चैनलों के अपने पोर्टल हैं। कई अखबारों की तो प्रिंट से ज्यादा डिजिटल प्लेटफार्म की कमाई है। भारत सरकार इन्हें मान्यता देने के लिए अभी तक कोई सटीक प्रणाली विकसित नहीं कर सकी है। फिलहाल प्रति महीने कम से कम तीन लाख दृश्य संख्या अथवा 50 लाख से ज्यादा के वार्षिक टर्न ओवर के बाद केंद्र और राज्य सरकारों के सूचना विभागों में इन्हें सूचीबद्ध किया जाने लगा है। सरकारी विज्ञापन की सुविधा भी दी जा रही है लेकिन कुछेक साइट ही इन शर्तों को पूरा कर पाते हैं। इन शर्तों को पूरा करने के बाद निजी और कार्पोरेट क्षेत्र के भी बहुत सारे दरवाजे खुल

जाते हैं। सरकार ने अभी तक ऐसी कोई प्रणाली विकसित नहीं की है जिसके दायरे में ज्यादा से ज्यादा साइट आ सकें। इस माध्यम की खासियत यह है कि इसकी शुरुआत छोटी पूंजी से भी की जा सकती है और बड़ी पूंजी का निवेश भी किया जा सकता है। सिर्फ भारत में इंटरनेट की पहुंच 50 करोड़ लोगों तक हो चुकी है जबकि विश्व में यह संख्या अरबों में है। लिहाजा इसमें विकास की संभावनाएं व्यापक हैं। अप्रवासी भारतीयों तक उनके जन्मस्थल की खबरों की जानकारी के लिए यह सबसे सुलभ माध्यम बन चुका है। आज की तारीख में सिर्फ भारत में इनकी संख्या लाखों में हैं। ग्राम कनेक्शन जैसे कई प्लेटफार्म पूरी तरह ग्रामीण पत्रकारिता को समर्पित हैं। आने वाले समय में इसके और विकास और विस्तार की काफी संभावना है।

सोशल मीडिया

इंटरनेट के आगमन के बाद फेसबुक, व्हाट्स एप, ट्विटर, इंस्टाग्राम जैसे सोशल मीडिया के सैकड़ों प्लेटफार्म खुले हैं जो अपनी भावनाओं को लोगों तक पहुंचाने का माध्यम बने हैं। इनमें से अधिकांश निःशुल्क हैं। इनमें विज्ञापन भी मिलता है जिससे कुछ आय हो सकती है। लेकिन फिलहाल इनमें रोजगार की खास गुंजाइश नहीं है। फिर भी ग्रामीण क्षेत्रों के लोग इनमें बड़ी संख्या में भागीदारी कर रहे हैं। किसी घटना की प्रारंभिक जानकारी सबसे पहले सोशल मीडिया पर ही आती है। हालांकि कोई चेक प्वाइंट नहीं होने के कारण इसका दुरुपयोग भी खूब होता है। शरारती तत्व अफवाहें फैलाने के लिए इनका उपयोग करने लगे हैं और अपराधी तत्व भी इनके जरिए आपस में सांकेतिक संवाद करने लगे हैं। खुफिया एजेंसियां इनपर पैनी नज़र रखती हैं।

मानसिक तैयारी

पत्रकार बनने और इस क्षेत्र में सफल होने के लिए स्वयं को मानसिक रूप से तैयार करना होता है। कई तरह की जानकारियां से लैस होकर अपने व्यक्तित्व का खास किस्म से विकास करना पड़ता है।

पत्रकारिता से किसी भी रूप जुड़ने वाले व्यक्ति के लिए सबसे जरूरी होता है प्रेस एक्ट की जानकारी रखना। पत्रकारिता की अपनी एक आचार संहिता होती है जो हर किसी के लिए लक्ष्मण रेखा का काम करती है। आप चाहे प्रिंट मीडिया में हों, इलेक्ट्रॉनिक मीडिया में हों अथवा डिजिटल मीडिया

में, आचार संहिता का पालन करना जरूरी होता है। प्रेस एक्ट का ध्यान रखना होता है। इसमें खासतौर पर कॉपीराइट एक्ट, ऑफिशियल सीक्रेसी एक्ट, इंडियन प्रेस काउंसिल आदि अहम हैं। इसके लिए बाजार में बहुत सी पुस्तकें हैं, इंटरनेट के जरिए भी इनकी जानकारी प्राप्त की जा सकती है। अपनी लक्ष्मण रेखाओं के बारे में जानेंगे तो उन्हें पार करने की भूल नहीं करेंगे। एक छोटी सी भूल बड़ी परेशानी का कारण बन सकती है। इसे हमेशा याद रखना चाहिए।

छह ककार

मीडिया की मुख्यधारा में शामिल होने के लिए छः ककारों की जानकारी जरूरी होती है। रिपोर्ट लिखने अथवा उसे संपादित करने के दौरान इनका विशेष ध्यान रखना चाहिए। वे छह ककार हैं क्या, कहां, कब, कौन, क्यों और कैसे। हर खबर को लिखने अथवा पढ़ने के दौरान ध्यान रखना चाहिए कि इनका सही इस्तेमाल हुआ है अथवा नहीं। यह पत्रकारिता के बीजमंत्र हैं। इनका पालन करने से स्क्रिप्टिंग, वाचन, रिपोर्टिंग, पैकेजिंग अथवा संपादन को और अधिक विश्वसनीय और प्रामाणिक बनाया जा सकता है।

निष्पक्षता, निर्भीकता और ईमानदारी

जनता की आवाज को व्यापक स्तर पर ले जाने और सत्ता के गलियारे तक पहुंचाने का जरिया होती है। इसलिए पत्रकार को हमेशा निष्पक्ष, निर्भीक और भ्रष्टाचार मुक्त रहना चाहिए। सिर्फ संस्थान ही नहीं बल्कि आमजन भी मीडियाकर्मियों को नैतिक मूल्यों के प्रति निष्ठावान रहते हुए पूरी ईमानदारी के साथ कार्य करते देखना चाहते हैं। समाज से जुड़े होने के नाते एक पत्रकार के अंदर किसी विचारधारा, समूह अथवा संगठन के प्रति झुकाव हो सकता है। सहानुभूति हो सकती है। लेकिन इस तरह की मानवीय दुर्बलताओं से स्वयं को निष्ठुरतापूर्वक मुक्त रखना होता है। यह विश्वसनीयता बनाए रखने की एकमात्र शर्त होती है। झुकाव और सहानुभूति गलत प्रवृतियों का बचाव करने को भी प्रेरित कर सकती है। ऐसे में पत्रकार की निष्पक्षता प्रभावित हो सकती है। उसे कभी भी किसी का प्रवक्ता नहीं बनना चाहिए। वैचारिक लेख लिखते समय या बहस में हिस्सा लेते समय वह अपने निजी विचारों को रख सकता है लेकिन सूचनाओं को बिना किसी लाग लपेट के जनता तक पहुंचाना उसकी

व्यावसायिक प्रतिबद्धता होनी चाहिए।

टीवी होस्ट

टेलिविजन पर प्रसारित होने वाले कार्यक्रमों का होस्ट बनना बड़ी बात होती है। इनकी सफलता होस्ट पर ही निर्भर करती है। आज टीवी चैनलों पर दर्जनों रियलिटी शो चल रहे हैं। जैसे सच का सामना, कौन बनेगा करोड़पति, बिग बॉस, आप की अदालत, बूगी वूगी, इंडियन आइडल आदि। इन्हें सफल और लोकप्रिय बनाने में उनके प्रस्तुतकर्ता की अहम भूमिका है। ऐसे कार्यक्रमों को होस्ट करनेवालों को धन भी मिलता है और लोकप्रियता भी। दर्शकों के बीच उनकी एक पहचान बन जाती है। कुछ कार्यक्रमों को सफलतापूर्वक प्रस्तुत करने के बाद वे सेलिब्रेटी की भूमिका में आ जाते हैं। टीवी होस्ट बनने के लिए एक आकर्षक व्यक्तित्व और भाषा पर अच्छी पकड़ होनी चाहिए। शब्दों का उच्चारण सही होना चाहिए और बोलने का अंदाज़ भी निराला होना चाहिए। टीवी चैनलों में अच्छे एंकर की हमेशा मांग रहती है।

टीवी मीडिया के लिए कुछ जरूरी गुण

सरस भाषा

किसी भी कार्यक्रम को प्रस्तुत करने वाले टीवी होस्ट को कार्यक्रम से संबंधित तकनीकी शब्दों का पूरा ज्ञान होना चाहिए। उसकी भाषा चैनल और कार्यक्रम के विषय के अनुरूप तो होनी ही चाहिए, दर्शकों की रुचि के भी अनुरूप होनी चाहिए। चाहे न्यूज बुलेटिन हो, बच्चों का कार्यक्रम हो, महिलाओं का कार्यक्रम हो अथवा साहित्य, कला संस्कृति का या फिर कॉमेडी शो हो, हमेशा ऐसी भाषा का प्रयोग करना चाहिए जिसे हर कोई आसानी से समझ सके। इसके लिए बोलचाल की भाषा ही सबसे उत्तम होती है। भारी भरकम शब्दों और बोझिल भाषा के जरिए अपनी विद्वता का प्रदर्शन कार्यक्रम का सत्यानाश कर देता है। जहां आवश्यक हो वहां तकनीकी शब्दों का अवश्य प्रयोग करना चाहिए लेकिन इस बात का ध्यान रखना चाहिए कि दर्शकों को बौद्धिक और मानसिक खुराक भी मिले और उनका मनोरंजन भी हो। कार्यक्रम में उनकी दिलचस्पी बनी रहेगी तभी चैनल भी लोकप्रिय होगा और उसका एंकर भी।

कैमरे का सामना

एक सफल होस्ट के लिए यह बहुत जरूरी है कि उसके मन में कैमरे का जरा भी भय न हो। जो लोग कैमरे के सामने बदहवास हो जाते हैं, जिनके शरीर में कंपन होने लगता है, आवाज लड़खड़ाने लगती है वे कभी भी अच्छा एंकर नहीं बन सकते। कैमरे के भय को कैमरा फोबिया कहते हैं। शुटिंग के समय एक एंकर को कैमर से इस तरह बात करनी चाहिए जैसे वह कैमरे को नहीं दर्शको को संबोधित कर रहा हो। जब एंकर कैमरे की ओर देखता है तो वास्तव में वह दर्शकों से बात कर रहा होता है। टीवी होस्ट के लिए यह जानना भी जरूरी है कि वह टीवी पर कैसा दिखाई कैसा देगा, उसकी भाव-भंगिमाएं कैसी दिख रही हैं। टीवी एंकर को दर्शकों पर हावी होने की कोशिश से बचना चाहिए। वह जितना स्वाभाविक और सामान्य रहेगा उतना ही प्रभाव डाल सकेगा। इसलिए एक अच्छे एंकर को कैमरे से बात करने का अभ्यास होना चाहिए। ऐसे गुण जन्मजात भी हो सकते हैं और अभ्यास के जरिए अपने अंदर विकसित किए जा सकते हैं।

स्पष्ट उच्चारण

एक टीवी एंकर का उच्चारण स्पष्ट और सटीक होना चाहिए। उसे शब्दों का ज्ञान होना चाहिए। उसका कार्यक्रम तभी जीवंत बन सकेगा जब वह दर्शकों को अपनी चटपटी और मजेदार भाषा के जरिए बांध सकेगा। हिन्दी के साथ-साथ उसे अंग्रेजी और उर्दू भाषा का ज्ञान भी होना चाहिए, ताकि वह उन भाषाओं के शब्दों का सही और स्पष्ट उच्चारण कर सके। इसके लिए उसे निरंतर अभ्यास करते रहने चाहिए और कोशिश करनी चाहिए कि सामान्य बातचीत में भी वह शब्दों की सही उच्चारण करे, शुद्ध भाषा बोले। यह उसके व्यक्तित्व का हिस्सा बन जाएगा तभी वह कैमरे के सामने स्वाभाविक रह सकेगा। अतिरिक्त सतर्कता हमेशा स्वाभाविकता को नष्ट कर देती है।

फोटोजेनिक चेहरा

एक अच्छे टीवी होस्ट का चेहरा बहुत सुंदर हो यह जरूरी नहीं है लेकिन उसका चेहरा फोटोजनिक जरूर होना चाहिए, ताकि वह कैमरे में प्रभावशाली लगे। उसे थोड़ी बहुत अदाकारी भी आनी चाहिए। कार्यक्रम को होस्ट करने

के दौरान यह बहुत उपयोगी होती है। भावहीन चेहरे दर्शकों पर उतना प्रभाव नहीं डाल पाते जितना एक मुस्कुराता हुआ चेहरा। कई एंकर किसी कार्यक्रम का संचालन करते समय पूरी तरह भावहीन दिखाई देते हैं। लोग इसे पसंद नहीं करते।

ड्रेस कोड

एक टीवी होस्ट को हमेशा इस बात का ध्यान रखना चाहिए कि वह कार्यक्रम के अनुरूप कपड़े पहने। कपड़े आधुनिक भी हो सकते हैं और परंपरागत भी। इससे अंतर नहीं पड़ता लेकिन वे साफ सुथरे हों और उनका रंग ऐसा होना चाहिए जो कैमरे में प्रभावशाली लगे। आमतौर पर गहरे रंग कैमरे में ज्यादा खिलते हैं। सांवले व्यक्ति पर हल्का रंग भी जंचता है। टीवी होस्ट को अपने लुक पर विशेष ध्यान रखने की जरूरत होती है। कार्यक्रम की सफलता का यह एक अहम हिस्सा होता है।

भौगोलिक और सांस्कृतिक जानकारी

एक टीवी होस्ट को भौगोलिक और संस्कृति से संबंधित विषयों की पूरी जानकारी होनी चाहिए। इस तरह की जानकारी इंटरनेट पर भी मौजूद है और पुस्तकों में भी मौजूद है। यह जानकारी मीडिया के किसी भी क्षेत्र के लिए जरूरी है। हर पत्रकार को भारतीय परिवेश, भूगोल, इतिहास, संस्कृति, धरोहर और परंपरा का ज्ञान होना चाहिए। विशिष्ट व्यक्तियों के बारे में भी पर्याप्त सूचनाएं होनी चाहिए। यह सब जानकारियां कभी भी काम आ सकती हैं।

समाचार बोध

एक अच्छे पत्रकार के अंदर मनोवैज्ञानिक, वकील, कुशल लेखक, वक्ता और खोजी प्रवृति जैसे गुणों का समावेश होना चाहिए। तभी वह किसी घटना की तह में तरकर उसे जनता के समक्ष बेहतर तरीके से पेश कर सकेगा। उसके अंदर किसी खबर की पृष्ठभूमि, सामयिक संदर्भ और भावी परिणाम को आंकने की क्षमता होनी चाहिए। तभी वह यह समझ पाएगा कि किस खबर का उसके पाठक, समाज और देश पर क्या प्रभाव पड़ेगा। तभी वह उसके संकेतों को सही संदर्भ में रख सकेगा। खासतौर पर संवेदनशील खबरों के मामले में बेहद

सतर्कता की जरूरत पड़ती है। ऐसी खबर जिससे समाज में वैमनस्य फैलने की आशंका हो उसे इस तरह पेश करना कि कोई बवाल न हो, माहौल खराब न हो, किसी भी पत्रकार की सबसे बड़ी चुनौती होती है।

तकनीक का ज्ञान

आज के हाइटेक युग में कम्प्यूटर और इंटरनेट की जानकारी के बिना पत्रकारिता करना संभव नहीं है। वैसे यह जीवन के हर क्षेत्र के लिए आवश्यक है लेकिन मीडिया में तो इसके बिना काम ही नहीं चल सकता। अब कागज और कलम का जमाना नहीं है। हर काम कम्प्यूटर पर करना होता है। कम्प्यूटर के साथ-साथ मीडिया संस्थान में प्रयोग होने वाले सॉफ्टवेयर, फांट आदि की भी जानकारी होनी चाहिए। किसी जमाने में प्रिंट मीडिया में पेजमेकर सर्वाधिक प्रचलित सॉफ्टवेयर हुआ करता था। लेकिन आज के समय में कुछ पुस्तक प्रकाशन गृहों में ही इसका इस्तेमाल होता है। मीडिया संस्थानों में कहीं क्वार्क का इस्तेमाल होता है तो कहीं इनडिजाइन का। वैज्ञानिक युग में तकनीक लगातार उन्नत होती जाती है। उसके साथ स्वयं को अपडेट रखना होता है। पहले लिखने के लिए कृतिदेव फांट प्रचलित था लेकिन आज यूनिकोड का जमाना है। इसे अंतर्राष्ट्रीय स्तर पर मान्यता प्राप्त है। हालांकि यह कंटेंट के आदान-प्रदान का फांट है। मीडिया संस्थानों में अलग-अलग फांट इस्तेमाल किए जाते हैं। यूनिकोड को एक टूल के जरिए किसी भी फांट में परिवर्तित किया जा सकता है। कुछ संस्थानों ने अपने लिए खास फांट विकसित कराए हैं। लेकिन मुख्यालय से दूर बैठे लेखक या रिपोर्टर के पास वह फांट हो यह जरूरी नहीं है। ऐसे में आदान-प्रदान के लिए यूनिकोड अथवा कृतिदेव जैसे फांट का इस्तेमाल किया जाता है। पत्रकारों को इनकी जानकारी होनी चाहिए। साथ ही लीड, एंकर, इन्ट्रो, हेडिंग, सबहेड, प्वाइंटर, बैनर, क्रॉस लाइन, ड्रॉपलाइन, बाक्स, रिवर्स, स्क्रीन, एलाइंटमेंट, डिस्पले, लेट न्यूज, डमी, डबलैट, क्लासीफाइड, कॉलम जैसे तकनीकी शब्दों का ज्ञान भी होना चाहिए। यह बेहतर प्रदर्शन के लिए जरूरी है।

याददाश्त

कई बार होस्ट को अपनी स्क्रिप्ट मुंह-जुबानी बोलनी पड़ती है। इसके लिए बढ़िया होमवर्क और याददाश्त की जरूरत पड़ती है। यह पक्ष कमजोर होगा

तो कार्यक्रम तैयार करने में वक्त लगेगा और लाइव कार्यक्रम करना तो बेहद मुश्किल हो जाएगा। इसके अलावा झिझकने से, घबराने से या कोई लाइन जंप करने या भूल जाने से बार-बार रीटेक करने की नौबत आएगी और कार्यक्रम के प्रोडयूसर पर इसका प्रभाव अच्छा नहीं पड़ेगा। प्रिंट मीडिया में भी किसी खबर का विश्लेषण करने या किसी सामयिक विषय पर लेख लिखते समय विषय के पूर्व संदर्भों की जानकारी जरूरी होती है। यदि पृष्ठभूमि की जानकारी होगी तभी उसके वर्तमान संदर्भ और भावी परिणाम का अंदाजा लगाया जा सकेगा। संदर्भ याद नहीं होंगे और उन्हें ढूंढने की जरूरत होगी तो समय बर्बाद होगा और आलेख तैयार करने में ज्यादा समय लग जाएगा। पत्रकारिता को जल्दबाजी का साहित्य कहा जाता है। इसमें समय का महत्व होता है। इसलिए पत्रकार की याददाश्त मजबूत होनी चाहिए। मसलन् देर रात यदि देश के किसी प्रमुख व्यक्ति के गंभीर रूप में बीमार पड़ने अथवा देहांत हो जाने की खबर मिली तो उसके बारे में ज्यादा से ज्यादा सूचनाएं भी देनी जरूरी होगी और पाठकों तक समय पर अखबार पहंचाने की भी चुनौती रहेगी। ऐसे में प्रतियोगी मीडिया संस्थानों से तभी आगे निकल सकेंगे अगर उस व्यक्ति के बारे में बहुत सारी जानकारी समृति पटल पर पहले से मौजूद रहेगी।

वाकपटुता

चूंकि समाचार वाचक का कार्य खबरों से जुड़ा है और उसे न सिर्फ खबरें पढ़नी होती हैं, बल्कि उसे खबरों का विश्लेषण भी करना होता है। मंथन भी करना होता है। इसलिए उसके पास समुचित संचित ज्ञान और वाकपटुता होनी चाहिए। आज के समय किसी भी घटना की प्रारंभिक जानकारी कई स्रोतों से आ जाती है। इसलिए पाठकों को उस संबंध में सामान्य सूचना देने से बात नहीं बनती। पत्रकार किसी खबर की कितनी गहराई में तक उतर पाता है, यही उसको अन्य संस्थानों से अलग पहचान देता है। पत्रकारिता के क्षेत्र में प्रतिस्पर्धा इतनी अधिक है कि पत्रकार के पास ज्यादा कुछ शोध करने का समय नहीं होता। मीडिया संस्थानों के बीच सबसे पहले, सबसे ज्यादा और सबसे सटीक खबर पहुंचाने की होड़ रहती है। इसलिए यह जरूरी है कि समाचार वाचक का ज्ञान और अनुभव अच्छा हो। विषयों की पूरी जानकारी हो। ताकि वह किसी भी घटना से जुड़ी तमाम बातें रोचक ढंग से दर्शकों के सामने रख सकें और समाचार या कार्यक्रम को और भी विशिष्ट बना सके। यही बात प्रिंट मीडिया पर भी लागू होती है। खबरों और सूचनाओं के साथ यदि

पूर्व संदर्भ जोड़ दिया जाए तो रिपोर्ट उनमें जान आ जाती है।

हाजिरजवाबी

एक हाजिरजवाब होस्ट किसी भी कार्यक्रम को ज्यादा रोचक बना सकता है। टीवी मीडिया में इसकी बड़ी अहमियत होती है। कार्यक्रम का होस्ट अपनी हाजिर जवाबी से विकट से विकट स्थिति को संभाल सकता है। किसी भी आकस्मिक घटना को सहजता के साथ प्रस्तुत कर सकता है। किसी विषय पर डिबेट के समय यही गुण भागीदारों के बीच समन्वय बनाए रखने में मददगार होता है। वर्ना विपरीत विचारधाराओं वाले भागीदारों को संभालना बड़ी चुनौती होती है।

टीवी न्यूज एंकर

टेलीविजन पत्रकारिता के दौर में आज टीवी न्यूज एंकर की भूमिका बहुत महत्त्वपूर्ण हो गई है। इसमें धन भी है और शोहरत भी। लेकिन यह काम बहुत चुनौती भरा है। आजकल बहुत से चैनल केवल टीवी न्यूज एंकर को प्राथमिकता नहीं देते। इसके लिए उन्हें बहु-प्रतिभाशाली और सर्व कार्यकुशल होना होता है, ताकि वे चैनल की आवश्यकता के अनुसार कार्य कर सकें। अब यह चैनल का काम है कि वह अपनी जरूरत के मुताबिक उनकी सेवा ले। चैनल चाहे आपको समाचार के लिए रखे, रिपोर्टिंग के लिए रखे, मौसम का हाल बताने के लिए रखे या किसी का इंटरव्यू करने के लिए। इस तरह आप केवल एक ही कार्य न कर यदि टेलीविजन पत्रकारिता की हर विधा में कुशल हों तो आपके रोजगार के अवसर बढ़ जाते हैं।

ये सभी गुण ऐसे हैं, जो प्रिंट और इलेक्ट्रॉनिक मीडिया से जुड़े सभी लोगों में होने चाहिए। तभी आप एक सफल पत्रकार बन सकते हैं। चाहे आप मीडिया संस्थान के मुख्यालय से जुड़े हों अथवा जिला, अनुमंडल, प्रखंड या पंचायत से संवाद लेखन कर रहे हों। मीडिया के क्षेत्र में आगे बढ़ना है तो अपने व्यक्तित्व में इन गुणों का विकास करना होगा। तभी बेहतर प्रदर्शन करना संभव होगा।

बदलते गांव, बदलता समाज

मैं अपनी बात रखने के लिए जिस गांव की चर्चा करने जा रहा हूं वह देश के किसी हिस्से का कोई भी गांव हो सकता है। पात्रों के नाम अलग हो सकते हैं लेकिन कहानी वही रहेगी।

गांव की उत्तरी सीमा एक हाईवे के पास खत्म होती है। किसी समय हाईवे के किनारे नंदु साव की चाय की दुकान हुआ करती थी। उनके यहां सिर्फ चाय और बिस्कुट मिलता था। गांव के नौजवानों और बुजुर्गों की सुबह यहीं से शुरू होती थी। वे पौ फटने साथ आंख मलते हुए वहां पहुंचते थे और लंबी-लंबी बेंचों पर बैठकर चाय पीने के साथ देर तक आपस में गप्पें हांकते रहते थे। सड़क से गिनी चुनी गाड़ियां ही गुजरती थीं। कई लोग बेंचों के आसपास खड़े-खड़े चुस्कियां लेते थे। इसके बाद ही लोगों की दिनचर्या शुरू होती थी। गप्पबाजी के लिए विषय की कोई कमी नहीं थी। नंदु साव की दुकान में अखबार आता था। एक दिन विलंब से सही लेकिन गांव वालों को सारी खबरें मिल जाती थीं। शहर वालों के लिए भले वह खबरें बासी हो चुकी हों ग्रामीणों के लिए ताज़ा होती थीं। अखबार के सारे पन्ने अलग-अलग हाथों में होते थे। हर पन्ने वाले के आसपास ऐसे लोगों का जमावड़ा रहता था जो पढ़ना-लिखना नहीं जानते थे या जिनके हाथ में अखबार का पन्ना आने में देर लगने वाली होती थी। वे उनमें छपे समाचारों को जानने को उत्सुक रहते थे। इसके बाद चाय की चुस्कियों के बीच खबरों की चीड़फाड़ शुरू हो जाती थी। अब न नंदु साव हैं न उनकी दुकान।

दृश्य बदल चुका है। नंदु साव की चाय की दुकान की जगह एक अच्छा सा रेस्टोरेंट खुल गया है। उसमें चाय-नाश्ता भी मिलता है और भोजन भी। तरह-तरह के व्यंजन मिलते हैं। उत्तर भारत के सत्तू और आलू के पराठों से

लेकर मुगलाई पराठा तक। तंदूरी रोटी से लेकर नान तक। पंजाब के छोले भटूरे से लेकर राजस्थान की मिस्सी रोटी तक। दक्षिण भारत के मसाला डोसा से लेकर इडली और सांभर बड़ा तक। मिठाइयों की न जाने कितनी किस्में। सड़क पर तेज़ रफ्तार गाड़ियों का इतना ज्यादा आवागमन होता है कि सड़क पार करना भी मुश्किल होता है। रेस्टोरेंट में गाड़ियों का ठहराव होता है। खूब बिक्री होती है। नंदु साव की दुकान के बगल में अलगू चौधरी का सैलून हुआ करता था। चाय पीने के बाद लोग उसमें दाढ़ी और हजामत बनवाते थे। सामाजिक संस्कारों के लिए कोई बुलाता तो अलगू चौधरी घर पर भी आ जाता था। अब वह भी समय की गर्त में समा गया। उसकी जगह मेंस और वीमेंस पार्लर खुल गए हैं।

अब किसी सामान की खरीदारी के लिए साप्ताहिक हाट लगने का इंतजार नहीं करना पड़ता। हाईवे के पास और गांव के अंदर कई मॉल और डिपार्टमेंटल स्टोर खुल गए हैं। जहां एक छत के नीचे जरूरत की लगभग हर चीज मिल जाती है। जब चाहो जाकर खरीद लो। अब तो गांव में फेरीवाले भी कम ही आते हैं।

समय बदला है। स्थितियां बदली हैं। लोगों में जागरुकती बढ़ी है। खबरों का प्रवाह बढ़ा है और उनकी उपलब्धता भी बढ़ी है। अब करीब-करीब हर घर में अखबार आता है। वह भी उसी दिन का। भले थोड़ा विलंब से पहुंचे। लगभग हर घर में रेडियो है, टीवी भी है, मोबाइल भी है।

समय करवट बदल रहा है। गांव बदल रहे हैं। समाज बदल रहा है। गांव और शहर का भेद खत्म होता जा रहा है। शहरी संस्कृति गांव की संस्कृति पर हावी होती जा रही है। अब पहनावे और बोलचाल के तौर-तरीके से यह पहचान करना मुश्किल है कि कौन व्यक्ति ग्रामीण है और कौन शहरी। कारण भी है। धीरे-धीरे तमाम व्यावसायिक गतिविधियां शहर से गांव की ओर मुड़ रही हैं। भूमंडलीकरण और उपभोक्ता संस्कृति के इस दौर में शहरी बाजार काफी हद तक संतृप्त हो चला है। वहां मांग कम हो गई है। अधिकांश लोगों ने जरूरी सुविधाएं एकत्र कर ली हैं। व्यापारियों को नए बाजार और नए ग्राहकों की तलाश में गावों की ओर रुख करना पड़ रहा है। आर्थिक गतिविधियां ग्रामोन्मुखी होती जा रहा है। वहां संभावनाओं के नवीन द्वार खुल रहे हैं। भारत ही नहीं दुनिया के हर देश में यही रूझान देखा जा रही हैं। हालांकि यह प्रक्रियाएं अभी आकार ही ग्रहण कर रही हैं। उनकी गति अभी बहुत तेज़ नहीं हो सकी है। पिछले कुछ दशकों के अंदर भारत के गावों में एक नवसाक्षर वर्ग सामने आ चुका है जो ज्ञान-विज्ञान और तकनीक के क्षेत्र में आकाश छूने को

लालायित है। इसके साथ ही एक नवधनाढ्य वर्ग भी विकसित हो चुका है जो दुनिया की तमाम सुख सुविधाएं तुरंत हासिल कर लेना चाहता है। वह कृषि के साथ ठेकेदारी और व्यवसाय के दूसरे क्षेत्रों में उतरकर धन अर्जित कर रहा है। कुछ वैध और कुछ अवैध धंधों में भी उसकी भागीदारी है। वह दबंग है। शौकीन है। पूरे तंत्र को अपनी मुट्ठी में रखना चाहता है। ग्रामीण क्षेत्रों में कृषि से इतर कार्यों की बदौलत लोगों की क्रय शक्ति बढ़ी है और इसके साथ ही मोबाइल, टीवी और इंटरनेट जैसे आधुनिक संसाधनों की पहुंच हो गई है जिनके जरिए जीवन को सुखमय बनाने की संभावनाएं बढ़ गई हैं। कार्पोरेट सेक्टर के महारथी ग्रामीण उपभोक्ताओं के मिजाज और सामर्थ्य को देखते हुए उनतक अपनी पहुंच बढ़ा रहे हैं। दूरस्थ गावों में भी ब्रांडेड कंपनियों के शो-रूम और मॉल खुल रहे हैं जहां आम ग्रामीण अच्छे माहौल में खरीदारी का आनंद ले रहे हैं। जाहिर तौर पर कार्पोरेट और उपभोक्ताओं के बीच की कड़ी के रूप में मीडिया की ही भूमिका है। कृषि के क्षेत्र में भी नकदी फसलों का प्रचलन बढ़ा है। औषधीय खेती से किसानों को अतिरिक्त आय हो रही है। एग्रीकल्चर के साथ हार्टिकल्चर, फ्लोरीकल्चर आदि का समावेश हुआ है। बड़ी-बड़ी कंपनियों फसल लगाने के साथ ही उपज का सौदा कर ले रही हैं। कांट्रैक्ट फार्मिंग की शुरुआत हो चुकी है। कंपनियां अपने खर्च पर पसंदीदा उत्पादों की खेती करा रही हैं। किसान अपने ही खेत का प्रबंधक अथवा मजदूर बनकर रह गया है। यह प्रक्रिया अभी शुरुआती दौर में है लेकिन आकार ग्रहण कर रही है। मीडिया संस्थानों के जरिए बहुराष्ट्रीय कंपनियों के उत्पादों का विज्ञापन उपभोक्ताओं तक पहुंच रहा है।

महानगर हो अथवा कोई दूरस्थ गांव, मीडिया संस्थान आमतौर पर कार्पोरेट सेक्टर के साथ कदमताल करके उसके साये की तरह चलते हैं। इसी से उनकी अर्थ व्यवस्था चलती है। लेकिन अभी कुछ ही संस्थान इस ओर कदम बढ़ा रहे हैं। अधिकांश मीडिया संस्थान ग्रामीण भारत के बदलते परिवेश और संभावनाओं के अंदर अपनी भूमिका की तलाश में आंशिक दिलचस्पी ही ले रहे हैं। शहरी चकाचौंध और सत्ता के गलियारे में चल रहे उठा-पटक में वे इतने मशगूल हैं कि ग्रामीण भारत की हलचलों की एक हद तक अनदेखी कर रहे हैं। इसका एक कारण आधारभूत संरचना के विकास की धीमी गति भी है। ज्यों-ज्यों ग्रामांचलों में बुनियादी सुविधाएं बढ़ेंगी व्यावसायिक गतिविधियों में तेज़ी आएगी और उसी के अनुरूप ग्रामीण पत्रकारिता का विकास होगा। मीडिया की दिलचस्पी का एक कारण नवसाक्षरों के रूप में समाचार पत्रों का एक नया और बड़ा पाठक तथा दर्शक वर्ग भी तैयार होना भी है। इंटरनेट के

आगमन के साथ भारत ही नहीं पूरी दुनिया में प्रिंट मीडिया के शहरी पाठकवर्ग में कमी आई है। लेकिन भारत के ग्रामीण क्षेत्रों का नवसाक्षर वर्ग उसकी पूर्ति कर दे रहा है। इसलिए मीडिया संस्थानों को गांवों की खबरों को जगह भी देनी पड़ रही है। चाहे वह जगह अंदर के पृष्ठों पर ही क्यों न हो। लिहाजा धीरे-धीरे सही लेकिन ग्रामीण पत्रकारिता के लिए एक अनुकूल स्थिति बन रही है। हालांकि भारत के हर राज्य में स्थिति इतनी अनुकूल भी नहीं है कि मीडिया संस्थान अपने पूर्णकालिक रिपोर्टर नियुक्त कर सकें, ब्यूरो कार्यालय खोल सकें या अलग संस्करण निकालने पर विचार करें। कुछ दैनिक अखबार ग्राम आधारित साप्ताहिक, पाक्षिक संस्करण निकालकर ग्रामीण बाजार की नब्ज अवश्य टटोल रहे हैं। झारखंड, बिहार और प. बंगाल से प्रकाशित दैनिक प्रभात खबर का पंचायतनामा नामक साप्ताहिक इसी प्रयास की देन है। कुछ अखबार ग्रामीण भारत के नाम पर दैनिक अथवा साप्ताहिक पृष्ठ दे रहे हैं। उनमें ग्रामीण क्षेत्रों के पत्रकारों को तो जगह मिलती ही है ग्रामीणों के विचारों को भी जगह दी जाती है। यह काफी कुछ विज्ञापन के प्रवाह पर भी निर्भर करता है। पंचायतनामा में आंगनबाड़ी, स्वयं सहायता समूह आदि से जुड़ी महिलाओं को भी संवाद लेखन के लिए प्रेरित किया जाता है। उनके लिए कार्यशालाओं का आयोजन किया जाता है। पूरे देश में किसी न किसी रूप में इस तरह के प्रयोग चल रहे हैं। ग्रामीण पत्रकारिता को प्रोत्साहित करने के लिए सरकारी-गैर सरकारी स्तर पर सैकड़ों सम्मान और पुरस्कार दिए जा रहे हैं। इनके जरिए ग्रामीण पत्रकारों को नई पहचान मिल रही है। समय-समय पर सेमिनार भी आयोजित किए जाते हैं। मीडिया में ग्रामीण भारत की भागीदारी बढ़ रही है।

आमतौर पर गावों-कस्बों से पत्रकारिता करने वालों को तकनीकी रूप से अंशकालिक और अल्प प्रशिक्षित पत्रकार माना जाता है। वे पत्रकारिता के जुनून में भले रात-दिन खबरों के पीछे भागते रहें। अच्छी से अच्छी रिपोर्ट फाइल करें। लेकिन मीडिया संस्थानों में उन्हें दोयम दर्जे का नागरिक ही माना जाता है। उन्हें नाममात्र का पारिश्रमिक प्राप्त होता है। आजीविका के लिए वे पत्रकारिता पर निर्भर नहीं रह सकते। उन्हें अर्थोपार्जन के लिए दूसरे माध्यम तलाशने होते हैं। कई बार इसमें भटकाव का भी खतरा होता है। उन्हें कई तरह के जायज-नाजायज समझौते भी करने पड़ जाते हैं। निश्चित रूप से गांवों-कस्बों में जनरुचि की खबरों की बहुतायत है। सांस्कृतिक विरासत और आधुनिक मूल्यों के बीच संक्रमणकाल से गुजरते ग्रामीण भारत में वैश्विक महत्व की अछूती खबरें हैं भी और सृजित भी हो रही हैं। लेकिन आजीविका

का भरोसेमंद साधन नहीं हो पाने के कारण उनकी तलाश में वह तेज़ी नहीं आ पा रही है जिसकी जरूरत है। मीडिया संस्थान अब इंटरनेट की सुविधा को देखते हुए कार्यालय के रिपोर्टरों को फील्ड में संवाद संकलन के लिए कम भेजते हैं। उनकी यात्राओं पर होने वाले खर्च को अब वे फिजूलखर्ची मानते हैं। ग्रामीण क्षेत्रों में पाठकों की संख्या बढ़ने के नाते वहां की खबरों की जरूरत वे स्ट्रिंगरों के जरिए पूरी करते हैं। हालांकि गांव में रहकर पत्रकारिता करना पतली रस्सी पर नंगे पांव चलने के समान है। सम्मान तो है लेकिन खतरे भी हैं। काफी जोखिम भरा कार्य है यह। आमतौर पर धर्म-संस्कृति, पर्यटन, खेतीबाड़ी, कुटीर उद्योग, हस्तशिल्प, अपराध, विकास, राजनीतिक घटनाक्रम आदि से संबंधित खबरों में कोई खास समस्या नहीं आती लेकिन मामला यदि राजनीतिक वर्चस्व का हो, भ्रष्टाचार या अनियमितता का हो तो संवेदनशील हो जाता है और उसकी तीखी प्रतिक्रिया होती है। जन प्रतिनिधि चाहे वे पंचायत स्तर के हों अथवा संसद के स्तर के अपने खिलाफ कोई खबर छपने पर बौखला जाते हैं और पत्रकार को सबक सिखाने के प्रयास में लग जाते हैं। संसाधनों की कमी ग्रामीण पत्रकार की सबसे बड़ी चुनौती है। उनका पारिश्रमिक अनियमित होता है। कई बार तो इन पत्रकारों को दो जून की रोटी जुटाना भी मुश्किल हो जाता है। इसलिए गांवों में जो भी लोग पत्रकारिता से जुड़े हैं उनके लिए परिवार का पालन-पोषण, बच्चों की पढ़ाई-लिखाई, चिकित्सा आदि के लिए हमेशा परेशानी झेलनी पड़ती है।

ग्रामीण पत्रकारों के लिए सुरक्षा भी एक महत्वपूर्ण मुद्दा है। उनपर स्थानीय राजनीति का दबाव भी होता है और राज्य सरकार की नज़र भी टेढ़ी होती है। उत्तर प्रदेश सरकार जरा-जरा सी बात पर कई पत्रकारों के खिलाफ दंडात्मक कार्रवाई करती रही है। देश के विभिन्न इलाकों में कितने ही पत्रकारों को मौत के घाट उतार दिया गया है। उत्तर प्रदेश के सुल्तानपुर के ग्रामीण पत्रकार राकेश कुमार मौर्य ने 2012 में डीएम और एसपी की अनियमितताओं का खुलासा किया तो वे दोनों एक रात उनके घर पर पहुंचे और तोड़-फोड़ कर आराम से चलते बने। उनपर कोई कार्रवाई नहीं हुई। इस तरह के सैकड़ों उदाहरण हैं। ऐसे मौकों पर मीडिया संस्थान अपना पल्ला झाड़ लेते हैं। पत्रकार संगठन चुप्पी साध लेते हैं। पत्रकार अपने संस्थान के लिए जोखिम उठाता है और उसकी कीमत अकेले अदा करता है। बिहार और उत्तर प्रदेश में पत्रकारों के सर पर हमेशा सरकारी तंत्र की तलवार लटकती रहती है। अक्सर उनके साथ अपराधियों की तरह व्यवहार किया जाता है। पैसों की कमी और डर के कारण कई बार पत्रकारों को बाहुबलियों के पक्ष में खबर लिखनी पड़ती

है। उनकी दलाली करनी होती हैं। पत्रकार असुरक्षा के भय से भी यह काम करते हैं और तुरंत पैसा बनाने के चक्कर में भी इस तरह के तत्वों की खिदमत करने लगते हैं।

गांवों में पत्रकार जब किसी खबर की छानबीन करता है तब जाति और आर्थिक स्थिति भी उसके आड़े आती है। उसपर तरह-तरह के दबाव डाले जाते हैं। प्रलोभन दिया जाता है। धमकाया जाता है। अड़े रहने पर कई बार तो हत्या तक कर दी जाती है। ग्रामीण क्षेत्रों में पत्रकारिता करते वक्त जाति, वर्ग और सामाजिक पृष्ठभूमि के आधार पर फायदा भी मिलता है और नुकसान भी उठाना पड़ता है। ग्रामीण पत्रकारों के लिए स्थितियां ज्यादा चुनौतीपूर्ण होती हैं।

शहरी पत्रकारों को फिर भी अपने संस्थानों और संगठनों का सहयोग और संरक्षण मिल जाता है लेकिन ग्रामीण पत्रकार को किसी तरह का सहयोग नहीं मिलता। इसके कारण उनकी रिपोर्ट की गुणवत्ता प्रभावित होती है। शहरी पत्रकार पेड न्यूज से संबंधित खबरें धड़ल्ले से प्रकाशित कराते हैं जबकि ग्रामीण पत्रकार के लिए यह मुश्किल होता है। शहरी पत्रकारों की तुलना में ग्रामीण पत्रकारों के लिए रिपोर्टिंग करना भी ज्यादा श्रमसाध्य और खतरों से भरा होता है। अक्सर देखा जाता है कि गांवों से जब कोई राष्ट्रीय स्तर की खबर बनती है तो उसमें ग्रामीण पत्रकारों को श्रेय नहीं दिया जाता जबकि तथ्यों के संकलन में मुख्य भूमिका ग्रामीण पत्रकार की होती है। वह खबर को ब्रेक करता है। प्रथम सूचना देता है। लेकिन प्रथम सूचना गौण हो जाती है और उसका फॉलो अप मुख्य हो जाता है जिसे मुख्यालय के पत्रकार तैयार करते हैं और अपने नाम से प्रकाशित करते हैं। ग्रामीण पत्रकार की बाइलाइन खबर मुश्किल से ही लग पाती है।

देश के ग्रामीण इलाकों में पत्रकारों को बुनियादी सुविधाओं की कमी का भी सामना करना पड़ता है। संवाद संग्रह के लिए कहीं आने-जाने में भी उनके समक्ष काफी समस्याएं पेश आती हैं। कई इलाकों में अभी भी आवागमन के साधनों की कमी है। कई गावों को सड़कों से नहीं जोड़ा जा सका है। ग्रामीण पत्रकारों को खबरों के लिए आसपास के क्षेत्रों में जाना पड़ता है लेकिन संस्थान की ओर से उसका खर्च भी नहीं मिलता। डिजिटल इंडिया का नारा जोर-शोर से लग रहा है लेकिन गांवों में इलेक्ट्रॉनिक सुविधाओं की अभी भी कमी है। वहां इंटरनेट की स्थिति बहुत ही खराब है। कनेक्शन मिलता है तो उसकी स्पीड नहीं मिल पाती। इसके कारण खबर भेजने में दिक्कत होती है। ग्रामीण भारत में वैसे भी पत्रकारिता बहुत व्यवस्थित नहीं है। पिछले कुछ वर्षों से इसे व्यवस्थित करने की कोशिशें भी की गईं लेकिन सफल नहीं हो सकीं। फिर

भी इतना तय है कि इस तरह के प्रयासों की निरंतरता ही एक व्यवस्था कायम करने का मार्ग प्रशस्त करेंगी। राष्ट्रीय स्तर पर ग्रामीण पत्रकारों को शोहरत पाने के लिए अभी लंबा इंतजार करना होगा। तब तक उन्हें न सिर्फ अपने ऊपर पड़ने वाले दबावों से निपटना होगा, बल्कि सामाजिक प्रताड़ना, राजनीति और आर्थिक संकटों से भी जूझना होगा।

ग्रामीण क्षेत्रों में किसी कार्पोरेट घराने के आगमन की प्रारंभिक पेचीदगियों के समय कहीं न कहीं मीडिया घरानों के मालिकों का स्वार्थ भी उससे जुड़ जाता है। ग्रामीण किसी प्रोजेक्ट के लिए ज़मीन देना नहीं चाहते अथवा उसके एवज में ज्यादा से ज्यादा सुविधाएं चाहते हैं जबकि पूरा सरकारी तंत्र उन्हें कम से कम मूल्य और सुविधाओं के एवज में जमीन दिलाने की कोशिश करता है। अक्सर अखबार मालिक भी सरकारी तंत्र की तर्ज पर कार्पोरेट कंपनी का पक्षकार बन जाते हैं। वे अपने रिपोर्टर को कंपनी की मदद करने का निर्देश देते हैं जबकि पत्रकार होने के नाते ग्रामीणों को उनसे अपने हितों के संरक्षण की उम्मीद होती है। यह उनकी सामाजिक जिम्मेवारी भी होती है। ऐसे में गांव समाज और कंपनी के हितों के बीच संतुलन बनाते हुए खबर लिखना उनके लिए बेहद चुनौती भरा कार्य होता है। वे सच को एक सीमा तक ही रख सकते हैं और कड़वे सच के लिए तो बिल्कुल गुंजाइश नहीं होती। उनकी कलम का प्रवाह स्वतंत्र रूप से नहीं होने दिया जाता।

ग्रामीण इलाकों में बिचौलियों और भ्रष्ट अधिकारियों का लूटतंत्र अपने अंदाज़ में काम करता है। इसमें शामिल लोग दबंग और क्रूर होते हैं। मीडिया संस्थानों का रवैया भी अक्सर सहयोगात्मक नहीं होता। कोई पत्रकार व्यवस्था की तह में घुसकर अंदर की कोई विस्फोटक खबर निकाल भी ले तो उसे भरोसा नहीं होता कि वह छपेगी ही। मीडिया संस्थानों में मालिक, संपादक और डेस्क पर बैठे वरीय पत्रकारों को संतुष्ट करते हुए उनके प्रकाशन के लिए सहमत कराना भी टेढ़ी खीर होता है। प्रकाशन के बाद उसकी खट्टी-मीठी और तीखी प्रतिक्रिया पत्रकार को अपने बल पर अकेले झेलनी होती है। मामला फंस जाने पर कई मीडिया संस्थान रिपोर्टर को अपना मानने से भी इनकार कर देते हैं। ऐसे कई दृष्टांत देश के विभिन्न इलाकों से आते रहे हैं। मीडिया संस्थानों में मुफस्सिल पत्रकारों की रिपोर्ट को प्रायः गंभीरता से नहीं लिया जाता। खासतौर पर भ्रष्टाचार से संबंधित खबरों में उन्हें संदेह की दृष्टि से देखा जाता है। कहीं यह भयादोहन अथवा निजी वैमनस्य के तहत भड़ास निकालने की कोशिश तो नहीं। खबर बड़ी हो तो उसकी छानबीन के लिए मुख्यालय के पत्रकारों को लगा दिया जाता है। तब मुफस्सिल पत्रकारों की मेहनत अकारथ चली जाती

है। एक पत्रकार को खबर निकालने के लिए दोस्ती भी करनी होती है और दुश्मनी भी। शहरी समाज में तो संबंधों में उतार-चढ़ाव आते रहते हैं लेकिन गावों में ऐसा नहीं होता। वहां दुश्मनी और दोस्ती अस्थाई नहीं होती। पीढ़ी दर पीढ़ी चलती है। पत्रकार की दुश्मनी उसके परिवार और रिश्तेदारों तक को झेलनी पड़ जाती है। ऐसी विकट स्थिति में ग्रामीण पत्रकार कई खबरों के मामले में मौन रह जाना बेहतर समझते हैं।

ग्रामीण पत्रकारों को आए दिन विकट स्थितियों से गुजरना पड़ता है। वरीय पत्रकारों से अनौपचारिक बातचीत के दौरान वे अपनी समस्याओं के बारे में विस्तार से बताते हैं। इस पुस्तक के लेखन का उद्देश्य दूरस्थ गावों से पत्रकारिता करने वाले लोगों को ज़मीनी सच्चाइयों से अवगत करना और बेहतर कार्यशैली अपनाने का सुझाव देना भी है। उन्हें इस बात का भरोसा दिलाना जरूरी है कि वर्तमान चाहे जो हो लेकिन आनेवाला समय ग्रामीण पत्रकारिता का है। वह समय ज्यादा दूर नहीं जब प्रखंड और पंचायत स्तर से अखबारों के संस्करण निकलेंगे और पत्रकारिता पूर्णकालिक रोजगार का रूप ले लेगी। बल्कि दक्षिण भारत का दैनिक अखबार ईनाडू इस दिशा में आगे बढ़ भी चुका है और उसका प्रयोग पूरी तरह सफल है। देश के अन्य इलाकों में भी कुछ ही वर्षों में यह हवा चलने लगेगी। मीडिया का कोई भी स्वरूप बाजार की मांग से ज्यादा देर तक मुंह मोड़े नहीं रह सकता।

कृषि संस्कृति और संकट

ग्रामीण पत्रकारिता को समझने के लिए ग्रामीण भारत पर एक नज़र डालनी जरूरी है। सभी जानते हैं कि भारतीय अर्थव्यवस्था का मुख्य आधार कृषि है। किसानों पर ही देश की अर्थव्यवस्था की प्रमुख जिम्मेदारी है। जबकि सबसे ज्यादा संकटग्रस्त क्षेत्र कृषि ही है और सबसे ज्यादा परेशान हाल हमारे देश के अन्नदाता हैं। रासायनिक खेती के कारण मिट्टी की उर्वरा शक्ति में निरंतर ह्रास, जलवायु परिवर्तन के कारण कृषि कार्य में बढ़ता नकारात्मक प्रभाव। बुनियादी सुविधाओं और आधारभूत संरचना का अभाव। कर्ज का निरंतर बढ़ता बोझ उनकी परेशानी का सबब बन जाता है। सरकार किसानों के प्रति हमदर्दी जताती है। सौगात भी बांटती है। लेकिन सरकार का लक्ष्य उसे खुशहाल बनाना नहीं बल्कि उसका वोट प्राप्त करना मात्र होता है। किसान हितों के प्रति संवेदनशील नेता भी राजनीति में रहे हैं लेकिन वे राजनीति की धारा को मोड़ने की स्थिति में नहीं रहे।

किसानों के सर पर चिंताओं का भारी बोझ रहता है। अगली फसल के लिए बीज, खाद, पानी की चिंता, बच्चों की पढ़ाई की चिंता, बेटी की शादी की चिंता, नेवता-हंकारी की चिंता, बैंक और महाजन का कर्ज चुकाने की चिंता, परिवार के स्वास्थ्य की चिंता। इतनी सारी चिंताएं और चिंताओं को बांटने वाला कोई नहीं। इसमें कोई संदेह नहीं कि एकमात्र किसान ही भारत की कृषि-संस्कृति का ध्वजवाहक है। किसान के बिना भारतीय संस्कृति का विश्लेषण संभव नहीं है। भारतीय कृषि को संस्कृति का आईना माना जाता है। लेकिन आज उसका मुख्य किरदार किसान ही आत्महत्या करने को विवश है। सरकारें किसान आत्महत्या पर चिंता जरूर व्यक्त करती हैं लेकिन आंकड़ों के जरिए यह बताकर संतुष्ट हो जाती हैं कि पिछली सरकार की तुलना में कम

आत्महत्याएं हुई हैं। इसकी नौबत न आए इसपर विचार करने की जरूरत नहीं महसूस की जाती। किसान आत्महत्या भारतीय समाज का सबसे बड़ा एक अभिशाप है। लेकिन मामला जितना गंभीर है उसे उतने ही हल्के से लिया जाता है। मीडिया के लिए भी यह मात्र अंदर के पृष्ठों की खबर भर होती है।

यह सर्वविदित है कि जबतक किसान सुखी था भारत को सोने की चिड़िया का दर्जा प्राप्त था। आज कृषि संकट की बात की जाती है लेकिन इस संकट के प्रस्थान बिंदु तक पहुंचने की कभी ईमानदार कोशिश नहीं की जाती। भारत की कृषि और ग्रामीण अर्थ व्यवस्था को दरअसल अंग्रेजों ने नष्ट किया था। ईस्ट इंडिया कंपनी को बिहार-बंगाल-उड़ीसा का दीवानी अधिकार मिलने के बाद उन्होंने शून्य बजट पर आधारित जैविक खेती के आधार को नष्ट कर दिया और लगान को बेतहाशा बढ़ा दिया। उर्वरक की आवश्यकता की पूर्ति करने वाले मवेशियों यानी गायों और भेड़ों को अपने भोजन का हिस्सा बना लिया। कीटनाशक का काम करने वाले नीम और करंज के पेड़ों की कटाई करवा दी। ग्रामीण भारत के पारंपरिक कुटीर उद्योगों को नष्ट कर दिया ताकि इंग्लैड के उत्पादों पर निर्भरता बढ़े। लगान इतनी बढ़ा दी कि किसान खेती करने से तौबा कर उठे। उसकी वसूली में जब स्वयं को असमर्थ पाने लगे तो जमींदारी प्रथा की शुरुआत कर दी और जमींदारों को किसानों पर जुल्म ढाने की पूरी स्वतंत्रता दे दी। आजीविका का साधन नहीं होने के कारण कृषक समुदाय का शहरों की ओर पलायन होने लगा जहां बड़ी-बड़ी मिलें खुल रही थीं और मजदूरों की जरूरत थी। दुर्भाग्य की बात है कि आजाद भारत की सरकारों ने भी ग्रामीण भारत की ओर ध्यान नहीं दिया। उनके नुमाइंदे विदेशों में पढ़े लिखे शहरी मानसिकता के थे। वे भारत को पेरिस और मास्को बनाना चाहते थे। महात्मा गांधी अवश्य भारतीय ग्राम्य संस्कृति को समझते थे और ग्राम स्वराज के प्रति समर्पित थे। गांवों को आत्मनिर्भर बनाना चाहते थे। इसके लिए कुटीर उद्योगों का विस्तार चाहते थे। खादी ग्रामोद्योग की स्थापना के पीछे यही सोच थी। वे देश के नवनिर्माण की अवधारणा दे गए थे लेकिन आजाद भारत की सरकारों ने उनकी बातों को गंभीरता से नहीं लिया। गांधी की हत्या के बाद तो और भी उदासीनता आ गई। पश्चिमी सभ्यता में पले बढ़े नेता कृषि क्षेत्र के महत्व को नहीं जानते थे। पहली और दूसरी पंचवर्षीय योजना में औद्योगिक विकास पर फोकस रहा। बड़े-बड़े उद्योग लगाए गए और कृषि क्षेत्र पूरी तरह उपेक्षित रहा। लेकिन 60 के दशक में जब देश में अनाज के लाले पड़ने लगे तो उनकी आंखें खुलीं। कनाडा से गेहूं का आयात करना पड़ा। इसके बाद खाद्यान्न के मामले में आत्मनिर्भर होने का लक्ष्य निर्धारित किया

गया। कृषि आयोग बना। हरित क्रांति की शुरुआत हुई। लेकिन ब्रिटिश शासन काल में कृषि क्षेत्र को किस तरह बर्बाद किया गया इसे जानने की कोशिश नहीं की गई। भारत की कृषि तकनीक को सीधे तौर पर पिछड़ा हुआ मान लिया गया और इसे आधुनिक बनाने के लिए तकनीक का आयात किया गया। कृषि वैज्ञानिक एमएस स्वामीनाथन की अध्यक्षता में एक आयोग गठित कर दिया गया। उन्हें हरित क्रांति का जनक माना जाता है। लेकिन स्वामीनाथन आयोग ने भी कृषि संकट की नब्ज टटोलने की जरूरत नहीं समझी। उन्होंने कनाडा से रासायनिक खेती की तकनीक का आयात किया और आधुनिक खेती के नाम पर उसे लागू कर दिया गया। इसके कारण खेती की लागत बढ़ गई। उन्नत बीज, उन्नत खाद, कीटनाशक और तरह-तरह के उपकरणों की मदद से तात्कालिक लाभ अवश्य मिला। कृषि क्षेत्र की उत्पादकता बढ़ गई। लागत बढ़ी लेकिन खाद्यान्न संकट दूर हुआ। हालांकि इस तकनीक के दूरगामी प्रभाव घातक सिद्ध हुए। रासायनिक खेती के कारण मिट्टी विषाक्त होने लगी और उसकी उर्वरकता पर गंभीर नकारात्मक प्रभाव दिखने लगा। नब्बे के दशक तक पुनः खाद्यान्न संकट उत्पन्न हुआ। एक बार फिर स्वामीनाथन आयोग गठित हुआ। उसने अपनी अनुशंसाएं दीं जिन्हें आंशिक रूप से लागू किया गया।

कई दशकों के अनुभवों को देखते हुए सरकार जैविक खेती की ओर वापसी की पक्षधर है। किसानों को इसके लिए प्रोत्साहित कर रही है। देश का धनाढ्य वर्ग जैविक खाद्यान्नों के लिए की भी कीमत अदा करने को तैयार है। लेकिन सरकार ग्रामीण भारत की अर्थ व्यवस्था को पटरी पर वापस लाने के लिए देसी प्रणाली को विकसित करने की जगह विदेशी सहयोग पर जोर दे रही है। सरकार चाहती है कि विदेशी कंपनियां कार्पोरेट खेती को बढ़ावा दें और किसान अपने ही खेतों में उनके निर्देश पर काम करें। विदेशी कंपनियों को खेती में कम खेती की ज़मीन में ज्यादा दिलचस्पी है। वे उनका अपने ढंग से उपयोग करना चाहती हैं। कार्पोरेट कंपनियों को उद्योग लगाने के लिए शहरी क्षेत्रों में ज़मीन बची नहीं है लिहाजा सरकार भी मानती है कि विदेशी निवेश को आकर्षित करना है तो बहुराष्ट्रीय कंपनियों को प्लांट लगाने के लिए ग्रामीण क्षेत्रों में ही ज़मीन देनी होगी। जहां उन्हें कच्चा माल भी मिलेगा और सस्ते मजदूर भी।

खेती किसानी की हालत यह है कि हमारे देश के अधिकांश किसान गरीबी रेखा के नीचे तंगहाल जीवन व्यतीत कर रहे हैं। आर्थिक सर्वेक्षण 2013-14 की रिपोर्ट के अनुसार जनगणना 2011 में लगभग 54.6 प्रतिशत

लोग कृषि व्यवसाय में संलग्न थे। वर्तमान समय में काश्तकारों की संख्या में अभूतपूर्व कमी आई है। जनगणना 2001 में जहां इनकी संख्या 127 लाख थी वहीं 2011 में घटकर 118.7 लाख ही रह गई है। 2021 में पता चलेगा कि इसमें और कितनी कमी आई है। उस सर्वे के जरिए यह बात भी सामने आई कि भारत के कृषि क्षेत्र में उत्पादन की विकास दर अंतर्राष्ट्रीय मानकों से काफी कम है। चावल और गेहूं का उत्पादन, वर्ष 1980 के बाद रासायनिक खेती के कारण लगातार घटता गया है। इसका एक कारण यह भी है कि कृषि क्षेत्र के तकनीकी विकास और आधुनिकीकरण पर ध्यान नहीं दिया गया। हमारी आबादी 1.30 अरब के आंकड़े को पार कर रही है लेकिन कृषि की गुणवत्ता तथा विकास के लिए कृषि विश्वविद्यालय और कॉलेज उस अनुपात में नहीं बढ़ाए गए। अभी जो गिने-चुने शिक्षण संस्थान हैं भी उनमें गुणवत्तापरक शिक्षा का अभाव है। वहां कृषि के लिए उपयोगी शोध जरूर होते हैं लेकिन उनकी जानकारी किसानों तक नहीं पहुंच पाती। इसके लिए रेडियो, टीवी आदि माध्यम तो हैं लेकिन वैज्ञानिकों और किसानों के बीच तारतम्य कायम नहीं हो पाता। उन्हें नई तकनीक का लाभ नहीं मिल पाता। भारत का किसान हाड़तोड़ मेहनत करता है लेकिन वह पिछड़ा और निर्धन है। निरक्षर है। गांवों के पढ़े-लिखे युवक कृषि कार्य को आजीविका का भरोसेमंद साधन नहीं मानते। शिक्षा पूरी करने के बाद अपना करियर बनाने के लिए वे शहरों की ओर पलायन कर जाते हैं। खेती अगर लाभ का धंधा होती तो पढ़े-लिखे लोग उसमें सहभागिता करते। मिट्टी की जांच के आधार पर उपयुक्त फसलें उगाते। रासायनिक खेती के कारण मिट्टी में आए दोष के निवारण का उपाय कर उसकी उर्वरकता वापस लाने का प्रयास करते। नए शोध और तकनीक का लाभ उठाते। वर्तमान सरकार जीरो बजट पर खेती का नारा देती है लेकिन इसे.धरातल पर उतारने का कोई ठोस उपाय नहीं करती। सरकारी तंत्र, कृषि मंत्रालय और कृषि विश्वविद्यालयों का आम किसानों के साथ संवाद का कोई जरिया नहीं। कृषि कार्य में अधिकांशतः पिछड़े मानस के अल्पशिक्षित अथवा निरक्षर लोग हैं। इस कारण वे परंपरागत खेती करना ही जानते हैं। आधुनिक समय के तकनीकी बदलावों को नहीं समझ पाते। वे उसी तरीके से खेती करना जानते हैं जो उन्होंने अपने पूर्वजों से सीखा है अथवा 60 के दशक में स्वामीनाथन आयोग ने सिखाया है। आजादी के 7 दशकों के बाद भी देश के कृषि क्षेत्रों में सिंचाई की पर्याप्त व्यवस्था नहीं है। कृषि भूमि का एक बड़ा हिस्सा अभी भी असिंचित और मानसून पर आधारित है। हालत यह है कि बढ़ते प्रदूषण और जलवायु परिवर्तन के कारण कहीं अतिवृष्टि होती

है तो कहीं अल्प। कहीं सूखा पड़ता है तो कहीं बाढ़ का प्रकोप होता है। यही कारण है कि किसानों को उनकी मेहनत का फल नहीं मिल पाता। फसलों का भविष्य अनिश्चित होता है। कृषक समुदाय बाढ़, सूखा, अकाल जैसी प्राकृतिक आपदाओं को झेलते हुए परेशान हो जाता है। कुल मिलाकर मौसम के सामने वह पूरी तरह बेबस और लाचार नजर आता है।

कृषि गणना 2010-11 के अनुसार एक हेक्टेयर से कम भूमि पर खेती करने वाले किसान को सीमांत, एक हेक्टेयर से लेकर दो हेक्टेयर तक के कृषक को छोटा किसान, दो हेक्टेयर या उससे अधिक भूमि पर खेती करने वाले को मध्यम किसान और 10 हेक्टेयर या उससे अधिक भूमि पर खेती करने वाले को बड़े किसान की श्रेणी में रखा गया है।

भारतीय किसानों का वर्गीकरण बताता है कि भारत में सबसे अधिक संख्या सीमांत किसानों की है। बड़े, मध्यम और लघु किसान कम हैं। पीढ़ी दर पीढ़ी भूमि का बंटवारा होने के कारण किसानों के हिस्से के खेतों का रकबा छोटा होता गया और मध्यम तथा बड़े किसान भी धीरे-धीरे सीमांत किसानों की श्रेणी में शामिल होते गए। सीमांत किसानों की भूमि का रकबा छोटा होने के कारण वे खेती के जौरान आधुनिक उपकरणों का इस्तेमाल नहीं कर पाते। इसके कारण उत्पादकता घट जाती है और कृषि क्षेत्र के कुल प्रदर्शन पर असर पड़ जाता है। कृषि गणना 2010-11 के अनुसार भारत में जोत का औसत आकार 1.15 हेक्टेयर है। इसमें 1970-71 के बाद निरंतर कमी आई है। कम रकबे की खेती के कारण भी पूरे देश का किसान दुःखी और बेबस है। चाहे वह विदर्भ क्षेत्र का किसान हों, गुजरात, बिहार, झारखंड या उत्तर प्रदेश का किसान हो। वह पीड़ित है। कुछ समय पूर्व दिल्ली के जंतर मंतर के पास एक जनांदोलन के दौरान ही राजस्थान के एक किसान ने पेड़ से लटककर आत्महत्या कर ली थी। किसानों की आत्महत्या बड़ी समस्या है। सरकार प्रायः किसानों की पीड़ा को गंभीरता से नहीं लेती। इस कारण दुर्भाग्यपूर्ण घटनाएं घटित होती हैं। उनके आंदोलनों को राजद्रोह माना जाता है। मध्य प्रदेश के मंदसौर जिले में किसानों के प्रदर्शन के दौरान पुलिस फायरिंग में छः किसानों की मौत हो गई थी। प्रायः किसानों की मांगों पर विचार करने की जगह उन्हें लाठी और बंदूक के बल पर चुप करा दिया जाता है। पहले देश में किसानों की आत्महत्या की ख़बरें महाराष्ट्र के विदर्भ और आंध्र प्रदेश के तेलंगाना क्षेत्र से ही आती थीं। अब इसमें नए-नए इलाक़े जुड़ते जा रहे हैं। इनमें बुंदेलखंड जैसे पिछड़े इलाके भी शामिल हैं और हरियाणा, पंजाब, पश्चिमी उत्तर प्रदेश जैसे हरित क्रांति के अगुआ राज्य भी। इसमें औद्योगिक और कृषि विकास के

आंकड़ों का रिकॉर्ड बनाने वाले गुजरात जैसे राज्य भी शामिल हैं। किसानों के अंदर आत्महत्या की मानसिकता क्यों उत्पन्न होती है इसपर कभी गंभीरता से विचार नहीं किया जाता। केंद्र और राज्य की सरकारें कृषि क्षेत्र को अपनी प्राथमिकता बताती हैं लेकिन व्यवहारतः इसकी उपेक्षा करती हैं।

कुछ वर्ष पहले कृषि लागत एवं मूल्य आयोग ने पंजाब में कुछ मामलों के अध्ययन के आधार पर किसान आत्महत्याओं का कारण जानने की कोशिश की थी। आयोग ने किसान आत्महत्याओं का मुख्य कारण किसानों पर बढ़ता कर्ज़ और उनकी खेती का रकबा छोटा होते जाना पाया था। इसके साथ ही महाजनों और साहूकारों के कर्ज के ब्याज की ऊंची दरें भी बड़ा कारण थीं। लेकिन यह रिपोर्ट फाइलों में पड़ी रह गई। हालांकि उसमें खेती की बढ़ती लागत और कृषि उत्पादों की गिरती क़ीमतों पर विचार नहीं किया गया था।

आंकड़े बताते हैं कि 1995 से 31 मार्च 2013 तक 2,96,438 किसानों ने आत्महत्या की है हालांकि जानकार इस सरकारी आकंडे को काफी कम कर आंका गया समझते हैं। वर्ष 2016 में गृह मंत्रालय ने 6351 किसानों की आत्महत्या का आंकड़ा दिया था। लेकिन इसके बाद केंद्र सरकार ने किसान आत्महत्या के आंकड़े जारी करना बंद कर दिया। सरकार ने 2022 तक किसानों की आय दुगनी करने का नारा देकर चुप्पी साध ली। हालांकि इसके लिए किसी तरह का प्रयास दिखाई नहीं दे रहा है। अब केंद्र और राज्य सरकारों की तरफ से किसानों के खाते में सीधे पैसे डाले जा रहे हैं। इससे कुछ तात्कालिक राहत जरूर मिल रही है लेकिन यह समस्या का निदान कत्तई नहीं हो सकता। किसानों के आर्थिक स्वालंबन का लक्ष्य इससे पूरा नहीं हो सकता। इस बीच जीरो बजट खेती का नारा भी उछाला गया है लेकिन इसका कोई स्वरूप सामने नहीं आया है। 30 दिसंबर 2016 को जारी नेशनल क्राइम रिकॉर्ड ब्यूरो की रिपोर्ट एक्सिडेंटल डेथ्स एंड सुसाइड इन इंडिया 2015 के आंकड़ों के अनुसार वर्ष 2015 में कुल 12602 किसानों और खेतिहर मजदूरों ने आत्महत्या की थी जिसमें से 8007 किसान और 4595 खेतिहर मजदूर थे। 2014 में आत्महत्या करने वालों में किसानों की संख्या 5650 तथा खेतिहर मजदूरों की संख्या 6710 थी। किसानों की आत्महत्या के इन आंकड़ों में छोटे और सीमांत किसानों की आत्महत्या, मध्यम और बड़े किसानों की आत्महत्या से ज्यादा थी। एनसीआरबी की रिपोर्ट के अनुसार किसानों और कृषि मजदूरों की आत्महत्या का कारण कर्ज, कंगाली, और खेती से जुड़ी दिक्कतें थीं। आत्महत्या करने वाले 73 फीसदी किसानों के पास दो एकड़ या उससे कम जमीन थी।

आत्महत्या के अधिकतर मामलों में किसानों के सामने कर्ज न चुका पाने की समस्या थी। मैग्सेसे अवार्ड विजेता पी. साईनाथ का कहना है कि मौसम की मार, ऋणों के बोझ सहित कई अन्य कारणों से देश में किसान आत्महत्या करते हैं। सरकार किसान क्रेडिट कार्ड, फसल बीमा जेसे उपाय करती है लेकिन इनका खास सकारात्मक परिणाम नहीं निकल पाता। सरकारी तंत्र योजनाओं का लाभ बहुसंख्यक किसानों तक पहुंचाने में प्रायः चूक जाता है।

स्वामीनाथन आयोग की रिपोर्ट

कृषि क्षेत्र पर मंडराते संकट को लेकर 2004 में केंद्र सरकार ने डाक्टर एमएस स्वामीनाथन की अध्यक्षता में नेशनल कमीशन ऑन फार्मर्स का गठन किया था। इसे स्वामीनाथन आयोग-2 अथवा दूसरा हरित क्रांति आयोग भी कहा जाता है। इस आयोग ने सरकार को अपनी पांच रिपोर्टें सौंपी। अंतिम व पांचवीं रिपोर्ट 4 अक्तूबर, 2006 को सौंपी गयी। रिपोर्ट तेज व ज्यादा समग्र आर्थिक विकास को ध्यान में रखकर 11वीं पंचवर्षीय योजना के लक्ष्य को लेकर बनी थी। सबको अच्छा भोजन उपलब्ध हो, उत्पादकता बढ़े, खेती से किसान को पर्याप्त लाभ हो, खेती में सतत विकास की विधियां अपनाई जाएं, किसानों को आसान व पर्याप्त ऋण मिले, सूखे, तटवर्ती एवं पहाड़ी क्षेत्रों में कृषि की विशेष प्रोत्साहन योजनाएं लागू हों, कृषि लागत घटे और उत्पाद की गुणवत्ता बढ़े, कृषि पदार्थों के आयात की दशा में किसान को सरकारी संरक्षण मिले तथा पर्यावरण संरक्षण के मकसद को पंचायतों के माध्यम से हासिल किया जाए। इन सभी उद्देश्यों के साथ इस आयोग का गठन किया गया था। कृषि ज्ञान व क्षमता को बढ़ाना, तकनीक का खेती में ज्यादा से ज्यादा इस्तेमाल व विपणन की सुविधाएं बढ़ाना भी आयोग की प्राथमिकताओं में शुमार था। पानी की कमी दूर करने संबंधी योजनाओं को बढ़ावा देना भी उक्त कमीशन की मंशा थी। एमएस स्वामीनाथन को भारत की हरित क्रांति का जनक माना जाता है। 60 के दशक में जब खाद्यान्न संकट गहराया था तो उन्हीं के सुझावों पर अमल करने के जरिए तात्कालिक तौर पर बढ़ती जनसंख्या को पर्याप्त अन्न मुहैया करवाना संभव हुआ था। उनका लक्ष्य पूरी दुनिया को भूख से निजात दिलाने के साथ ही खेती को पर्यावरण मित्र बनाना भी था।

स्वामीनाथन ने आयोग की रिपोर्ट में भूमि सुधारों की गति को बढ़ाने पर विशेष जोर दिया था। उन्होंने अतिरिक्त और बेकार जमीन को भूमिहीनों में बांटने,

आदिवासी क्षेत्रों में पशु चराने के अधिकार को बहाल करने व राष्ट्रीय भूमि उपयोग आदि से संबंधित अनुशंसाएं की थीं। सिंचाई के लिए सभी को पर्याप्त पानी मिले इसके लिए रेन वाटर हार्वेस्टिंग व वाटर शेड परियोजनाओं को बढ़ावा देने की अनुशंसा की थी। इस लक्ष्य से पंचवर्षीय योजनाओं में ज्यादा धन आवंटन की सिफारिश की गई थी। भूमि की उत्पादकता बढ़ाने के साथ ही खेती के लिए ढांचागत विकास की जरूरत पर बल दिया था। मिट्टी की जांच व संरक्षण भी एजेंडे में है। रिपोर्ट में बैंकिंग व आसान वित्तीय सुविधाओं को आम किसान तक पहुंचाने पर विशेष जोर दिया गया है। फसल ऋण सस्ती दरों पर, कर्ज उगाही में नरमी, किसान क्रेडिट कार्ड व फसल बीमा भी सभी किसानों तक पहुंचाने की बात की गई। मिलेनियम डेवलपमेंट गोल 2015 के लक्ष्य को प्राप्त करने व प्रति व्यक्ति भोजन उपलब्धता के मकसद से सार्वजनिक वितरण प्रणाली में आमूल सुधारों की जरूरत बताई गई थी। कम्युनिटी फूड व वाटर बैंक बनाने व राष्ट्रीय भोजन गारंटी कानून की संस्तुति भी की गई थी। किसान आत्महत्या की समस्या के समाधान के लिए राज्य स्तरीय किसान कमीशन बनाने, सेहत सुविधाएं बढ़ाने व वित्त-बीमा की स्थिति पुख्ता बनाने पर भी आयोग ने विशेष जोर दिया था। किसानों की फसल के न्यूनतम समर्थन मूल्य कुछेक नकदी फसलों तक सीमित न रहें, इस लक्ष्य से ग्रामीण ज्ञान केंद्र व मार्केट दखल स्कीम भी लांच करने की सिफारिश की गई। एमएसपी औसत लागत से 50 फीसदी ज्यादा रखने की सिफारिश भी की गई है ताकि छोटे किसान भी मुकाबले में आएं। लेकिन इस रिपोर्ट को पूरी तरह लागू नहीं किया गया। यही कारण है कि सरकारें बदलती रहीं लेकिन किसानों की स्थिति में कोई परिवर्तन नहीं आया। बल्कि संकट और भी विकराल होता गया।

दोषपूर्ण नीतियां व महत्वपूर्ण उपाय

किसानों की बदहाली और आत्महत्याओं के लिए सरकारों की दोषपूर्ण नीतियां जिम्मेदार रही हैं। कृषि अर्थव्यवस्था के जानकारों का कहना है कि हालात इतने भी बुरे नहीं है कि सरकार इसे नियंत्रित न कर पाए। लेकिन सरकार में इच्छाशक्ति का अभाव है। किसानों के लिए जो सुविधाएं या सब्सिडी मिलती हैं वह काफी नहीं है। अमेरिका के दबाव में उसमें कटौती की जाती रही है। वस्तुतः साख व्यवस्था में किसान को दो तरह के ऋण देने का प्रावधान है। पहला अल्पकालिक और दूसरा दीर्घकालीन। अल्पकालीन व्यवस्था की तरफ सरकार का विशेष ध्यान रहता है लेकिन दीर्घकालीन ऋणों में किसान

की आवश्यकता पर ध्यान नहीं दिया जाता। दीर्घकालीन ऋणों की ब्याज दरें अल्पकालीन ऋण की तुलना में अधिक होती हैं। किसानों की अन्य आवश्यकताओं के लिए ऋणों का कोई प्रावधान दीर्घकालीन व्यवस्था में नहीं है। जिसके कारण उन्हें दोहरे मापदंडों का सामना करना पड़ता है। इस व्यवस्था में सुधार की आवश्यकता है। परियोजना आधारित ऋण वितरण को समाप्त कर ऋण सीमा स्वीकृत करते हुए सस्ती ब्याज दरों पर ऋण तथा किसान क्रेडिट कार्ड उपलब्ध कराए जाने चाहिए। अक्सर सरकारी सुविधाओं का लाभ सिर्फ बड़े किसानों को मिलता है। समृद्ध किसानों की सब्सिडियों को रोक कर छोटे, मझोले किसानों को मदद देने से बेहतर परिणाम मिल सकते हैं। बेहतर ऋण व्यवस्था, दोषमुक्त फसल बीमा और सिंचाई प्रणाली में सुधार लाकर किसानों की स्थिति में बदलाव लाया जा सकता है। लेकिन समस्या यह है कि सरकार चीजों को वैश्विक चश्मे से देखती है। यही कारण हैं कि ज़मीनी सच्चाइयां उसे दिखाई नहीं पड़तीं।

किसानों की खेती की लागत लगातार बढ़ रही है और आमदनी कम होती जा रही है। छोटे किसान आर्थिक तंगहाली का जीवन जी रहे हैं। उन्हें सरकारी, सहकारी और ग्रामीण बैंकों का कर्ज आसानी से नहीं मिल पाता। इसके कारण वे महाजनों और सूदखोरों के कर्ज के जाल में फंस जाते हैं। महाजनी सभ्यता कोई नई चीज नहीं है। यह सदियों से चली आ रही है। लेकिन आजतक इसका कोई ठोस निदान नहीं निकल पाया। हालत यह है कि जैसे ही किसान की फसलें तैयार होती हैं महाजन अपने कर्ज की वसूली के लिए उसके सर पर सवार हो जाते हैं। उन्हें औने-पौने भाव में अपना अनाज व अन्य उत्पाद बेच देना पड़ता है। महाजनों को मूलधन की वापसी की चिंता नहीं होती लेकिन वे सूद की वसूली बड़ी बेरहमी से करते हैं। वे बैंक से कर्ज लें तो सूद का प्रतिशत जरूर कम होता है लेकिन कर्ज वसूली के मामले में बैंक वाले भी किसी महाजन से कम क्रूरता से नहीं पेश आते। बड़े कर्जदारों के कर्ज को वे राइट ऑफ कर देते हैं। एनपीए घोषित कर देते हैं लेकिन छोटे कर्जदारों का जीवन दूभर कर डालते हैं। चूंकि वे कोई राजनीतिक संरक्षण प्राप्त व्यक्ति नहीं होते।

बाजार और बिचौलिया तंत्र

भारतीय कृषि की सबसे बड़ी विडंबना यह है कि जब भी किसान का कृषि उत्पाद बाजार में आता है उसका मूल्य निरंतर गिरने लगता हैं। चाहे उपज

ज्यादा हो अथवा कम बिचौलिए किसानों को लाभकारी मूल्य नहीं प्राप्त होने होने देते। स्थिति ऐसी होती है कि किसानों की खेती की लागत भी मुश्किल से ही निकल पाती है। व्यापारी सस्ती दरों पर किसानों का उत्पाद खरीद लेते हैं और कुछ समय बाद उन्हें ऊंची दरों पर बेचते हैं। इससे उपभोक्ताओं की जेब भी कटती है और किसान का हिस्सा भी मारा जाता है। सारा लाभ बिचौलिए उठा लेते हैं। छोटे किसानों की आर्थिक स्थिति ऐसी नहीं होती कि वे मंडी की हालत सुधरने तक अपने उत्पाद रोककर रख सकें। उनपर कई तरह का दबाव होता है। उन्हें फसल कटने के बाद तत्काल पैसों की जरूरत होती है। बिचौलियों की लोलुपता के कारण ही कृषि अभी तक घाटे का व्यवसाय बनी हुई है। बाजार पर किसी का नियंत्रण नहीं है। औद्योगिक क्षेत्रों के उत्पादन की दरें लागत, मांग और पूर्ति के आधार पर निर्धारित की जाती है लेकिन कृषि उत्पादों का मूल्य या तो सरकार निर्धारित करती है या बाजार। न्यूनतम खरीद मूल्य केंद्र सरकार तय करती है लेकिन केंद्र और राज्य सरकारों के बीच समन्वय के अभाव में अक्सर पर्याप्त सरकारी क्रय केंद्र नहीं खुल पाते। नतीजतन बाजार को मनमानी का मौका मिल जाता है। तत्काल नष्ट होने वाले उत्पादों को किसान औने-पौने भाव में बेचने को विवश हो जाता है। अच्छी उपज के बाद भी जब लागत मूल्य तक नहीं मिल पाता तो किसान कई बार तंग आकर प्याज और टमाटर जैसे उत्पाद सड़कों पर फेंक देता है। कई बार किसानों ने इस रूप में अपना विरोध दर्ज कराया है। कई बार बाजार की तिकड़मों से तंग आकर गौपालकों द्वारा दूध के टैंकर तक सड़कों पर बहा देने की घटनाएं हो चुकी हैं। ऐसी दशा में सरकार को बाजार की लोलुपता पर अंकुश लगाने की व्यवस्था करनी चाहिए। लेकिन सरकार नीतिगत रूप से बाजार को पूरी छूट दे देती है। जब समस्या बहुत गंभीर हो जाती है तो सरकारी तंत्र जमाखोरी के खिलाफ अभियान चलाती है। व्यवस्था ऐसी होनी चाहिए कि व्यापारी लाभ कमाएं लेकिन किसानों को भी उनके हिस्से का लाभ मिले और उपभोक्ताओं को भी उचित मूल्य पर सामान मिलें। कृषि उत्पादों की खरीद-बिक्री की एक सुगठित और पारदर्शी व्यवस्था बनाने की जरूरत है। कृषि उत्पादों का मूल्य भी मांग, पूर्ति और लागत के आधार पर किसान को निर्धारित करने देना चाहिए। ऐसा करने के लिए कई तरह के सुधार करने होंगे। किसानों को आर्थिक दबावों से मुक्त करना होगा। तभी वे औने-पौने भाव में अपने उत्पाद बेचने को विवश नहीं होंगे।

भारत के किसानों की दशा व दिशा सुधारने के लिए खेत से लेकर मंडी तक की व्यवसायिक गतिविधियों पर नज़र रखने की जरूरत है। किसानों

की आय बढ़ाने के लिए हर बिंदु पर ध्यान देना होगा। कुटीर उद्योगों और पशुपालन के विस्तार पर भी ध्यान देना होगा। इससे ग्रामीण आबादी के आय़ के स्रोत बढ़ेंगे। इसके अलावा कृषि आधारित उद्योग जैसे फ्लोर मिल, राइस मिल, कोल्हू, फलों से बनने वाले उत्पाद जैसे टमाटर का सॉस, जैम, पापड़, मोमबत्ती, अगरबत्ती, बड़ी, चिप्स, अचार, मुरब्बा आदि के उद्योग लगने चाहिए तथा इनके विपणन की व्यवस्था की जानी चाहिए। ग्रामीण बेरोजगारों को ग्रामीण क्षेत्र में रोजगार उपलब्ध कराने के लिए वहां के स्थानीय उत्पाद को ध्यान में रखते हुए लघु एवं कुटीर उद्योगों की स्थापना भी की जानी चाहिए। इसमें खादी ग्रामोद्योग जैसी संस्थाओं की अहम भूमिका हो सकती है। महात्मा गांधी ने खादी ग्रामोद्योग की अवधारणा ही कुटीर उद्योगों को बढ़ावा देने और किसानों में उद्यमिता के विकास के लिए रखी थी। लेकिन सरकारों की इच्छाशक्ति के अभाव के कारण यह ग्रामीण अर्थव्यवस्था के विकास में सीमित भूमिका ही निभा पा रहा है। खादी ग्रामोद्योग कुटीर इकाइयों की स्थापना और उत्पादों के विपणन में भी मदद करता है। उसका इस स्तर तक विस्तार करने की जरूरत है कि भारत के सभी ग्रामीण इलाके उसके साथ जोड़े जा सकें। किसानों को अतिरिक्त आय होगी तो कृषि उत्पादों को कम कीमत पर बेचने की मजबूरी नहीं होगी।

बाजार में अनिश्चितता की स्थिति को समाप्त करने तथा एक राष्ट्रीय कृषि बाजार के निर्माण की दिशा में सार्थक प्रयास करने होंगे, ताकि किसानों को बाजारों में उचित मूल्य मिल सकें। एक सामान्य राष्ट्रीय बाजार की स्थापना के लिए आर्थिक सर्वेक्षण में एपीएमसी अधिनियम, भूमि किराएदारी अधिनियम, मुक्त व्यापार के लिए रुकावटों को दूर करना, सीधे विपणन, वैकल्पिक मार्केटिंग की पहल जैसे उपायों को अपनाने की जरूरत है। स्थाई व्यापार नीति की स्थापना करनी होगी जिसमें टैरिफ आधारित तथा गैर-टैरिफ व्यापार प्रतिबंधों का समावेश हो। पर्याप्त कृषि उत्पादन तथा भंडारों के वर्तमान परिप्रेक्ष्य में सरकार को खाद्यान उत्पादन तथा इसके वितरण के सभी पहलुओं पर गंभीरता के साथ विचार करना होगा। तभी स्थिति में सुधार होगा।

किसानों की आत्महत्या रोकने का कार्य सरकार किसान कल्याण एवं कृषि विकास की योजनाओं द्वारा कर सकती है। साथ ही सरकार को फसल बीमा एवं कई अन्य प्रकार की सहायता जैसे सहकारी बैंकों से कम ब्याज दर पर ऋण उपलब्ध कराना एवं उच्च गुणवत्ता वाले बीज, उच्च स्तर के खाद, कीटनाशक, उत्तम कृषि यंत्र प्रदान करना एवं भूमिहीन किसानों को भूमि उपलब्ध कराना जैसे उपायों को लागू करने पर विचार करना होगा। फसल

बीमा, फसलों का उच्च समर्थन मूल्य एवं आसान ऋण की उपलब्धता सरकार को सुनिश्चित करनी होगी तभी किसानों की स्थिति ठीक होगी और उन्हें आत्महत्या करने से रोका जा सकेगा। निश्चित रूप से इनके निमित्त सरकारी योजनाएं हैं लेकिन उनका क्रियान्वयन सही ढंग से हो इसपर ध्यान देने की जरूरत है।

सहकारिता: लक्ष्य से भटका आंदोलन

ग्रामीण भारत को स्वावलंबी और खुशहाल बनाने में सहकारिता आंदोलन की कारगर भूमिका हो सकती थी लेकिन यह आंदोलन ब्रिटिश शासन काल में सरकारी उपेक्षा का शिकार रहा और आजाद भारत में सत्ता संरक्षित माफियाई लूट का उपकरण बनकर लक्ष्य से भटक गया। इस भटकाव पर पत्रकारिता की भी दृष्टि नहीं रही। कोई बड़ा घोटाला सामने आने पर ही इसकी विकृतियों का पर्दाफाश किया गया लेकिन इसे सही पटरी पर लाने और अपने लक्ष्य की ओर अग्रसर करने की किसी भी स्तर पर कोई अभियान नहीं चलाया गया। 20 वीं शताब्दी के पहले दशक में ग्रामीण विकास के लिए सहकारी आंदोलन को एक कारगर उपकरण के रूप में देखा गया था। स्वयं महात्मा गांधी इसे ग्राम स्वराज के लक्ष्य को हासिल करने की दिशा में इसकी बड़ी भूमिका देखते थे। इसका उद्देश्य किसानों, ग्रामीण कारीगरों, भूमिहीन मजदूरों और कमजोर तथा पिछड़े वर्गों को रोजगार तथा तकनीकी कौशल के जरिए स्वावलंबी बनाना और राष्ट्रीय उत्पादन में बेहतर योगदान से जोड़ना था। सभी वर्गों को पूर्ण रोजगार तथा उनमें विकास प्रक्रिया का न्यायसंगत आवंटन करना था। भारत जैसे विकासशील देश में जहां मानव संसाधन सर्वाधिक महत्वपूर्ण स्रोत है और जिसका एक बड़ा हिस्सा समाज का कमजोर वर्ग है यह ग्रामीण अर्थव्यवस्था के विकास की सार्थक प्रक्रिया का हिस्सा हो सकता था।

सहकारिता एक लोकतांत्रिक आंदोलन रहा है जो सक्षम नेतृत्व के हाथों में आकर आज भी सामाजिक विकास का क्रांतिकारी उपकरण हो सकता है। भारत में सहकारिता की अवधारणा 1904 के जमाने में अपनाई गई और उम्मीद की गई कि इसके जरिए कई ग्रामीण तथा शहरी कमजोर वर्ग की तमाम समस्याओं को हल किया जा सकेगा। तब अंग्रेजों का शासन था। उन्होंने इसे अपने हितों के अनुरूप नहीं पाया। इसलिए इसे ज्यादा पनपने नहीं दिया।

लेकिन आजादी के बाद की सरकारों ने भी इसपर ध्यान नहीं दिया। यह आंदोलन अपने लक्ष्य के विपरीत भटकाव की दिशा में अपनी राह तलाशता रहा। भटकाव के कारणों की कभी गंभीरता से पड़ताल नहीं की गई। सुधार के उपाय नहीं किए गए। कारण यह था कि यह सत्ताधारी नेताओं की अवैध कमाई का जरिया बन गया। अभी भी इसे सही पटरी पर लाया जा सकता है। यदि इसे वास्तविक रूप से ग्रामीण जीवन में उतारने की ईमानदार पहल हो और यह सिर्फ सरकारी फाइलों में दौड़ने वाला नुमाइशी घोड़ा बनकर न रह जाए। वास्तव में सहकारिता कोई सैद्धांतिक मामला नहीं है, बल्कि इसका गहरा संबंध तो सामान्य व्यक्ति की भावना से है जहां निश्चित रूप से यह अपने उद्देश्यों में सफल हो सकता है।

हमारे देश के सर्वांगीण विकास कि दो प्रमुख धाराएं रही हैं –

ग्रामीण और शहरी विकास। ग्रामीण विकास का दायरा देश की 70 प्रतिशत आबादी को अपने अंदर समाहित करता है जबकि शहरी विकास का संबंध 30 प्रतिशत जनसंख्या से जुड़ता है। यातायात और संचार की सुविधाओं ने देश में शहरीकरण की प्रक्रिया को गति प्रदान की है। आज हर व्यक्ति किसी न किसी बड़े शहर में रहना चाहता है। होना यह चाहिए कि विकास की दिशा को पूरी तरह ग्रामीण क्षेत्रों की ओर मोड़ा जाए और शहरों में उपलब्ध सुविधाओं से ग्रामीण क्षेत्रों को युक्त किया जाए। गांवों के शहरीकरण की जगह गांवों में शहरीकरण की प्रक्रिया को प्रोत्साहन दिए जाने की जरूरत है। जब गावों में रोजगार होगा और शहरों में मिलने वाली सुविधाएं भी तो पलायन की आवश्यकता ही नहीं पड़ेगी। इस महत्वपूर्ण कार्य को सहकारिता के माध्यम से संपन्न किया जा सकता है। गांधी जी भी कहा करते थे- बिन सहकार नहीं उद्धार।

लेकिन सहकारिता आंदोलन मुख्यतः सरकारी नीतियों तथा कार्रवाइयों का परिणाम है। एक लंबे समय तक सरकार ने इस पर अपना नियन्त्रण रखा, जिसके फलस्वरूप स्वतंत्रता के पश्चात सत्ता में शामिल नेता ही समितियों पर अपना वर्चस्व कायम रखने लगे। उन्होंने इसे सामाजिक उत्थान का साधन बनाने की जगह लूटपाट का माध्यम बनाए रखा। जबकि सहकारिता और उसके उद्देश्य को देखते हुए साफ प्रतीत होता है कि भारतीय ग्रामीण अर्थव्यवस्था का जो ढांचा है से सम्पूर्ण विकास की ओर सिर्फ सहकारिता के जरिए ही ले जाया जा सकता है। कृषि भूमि का रकबा जिस तरह पीढ़ी दर पीढ़ी सिकुड़ता जा रहा है और बड़ी जोत के किसान सीमांत किसानों में तब्दील होते जा रहे हैं, उससे निपटने में सहकारिता की अहम भूमिका हो सकती है।

छोटी जोत में खेती के आधुनिक उपकरणों का प्रयोग संभव नहीं लेकिन यदि कई सीमांत किसानों का सहकारी संगठन बनाकर उनकी ज़मीन को बड़ी जोत में बदल दिया जाए तो यह संभव हो सकता है। इसी तरह कुटीर उद्योगों को सहकारिता से जोड़कर गतिमान किया जा सकता है। डेयरी, फिशरी, पॉल्ट्री फार्मिंग जैसे उद्योगों का विस्तार किया जा सकता है। आज भी भारत की अर्थ व्यवस्था कृषि एवं ग्रामीण विकास पर आधारित है। भारत कि लगभग 70 प्रतिशत आबादी भारत के लगभग 6 लाख गावों में रहती है जो कृषि तथा कृषि पर आधारित उद्योगों पर आश्रित है। दुर्भाग्य से यही क्षेत्र उपेक्षित है। सरकार विदेशी निवेश पर जोर देती है लेकिन ग्रामीण अर्थ व्यवस्था को गति देने पर गंभीरता से विचार नहीं करती। भारत के भौगोलिक क्षेत्रफल में लगभग 90% भूमि का उपयोग किया जाता है। इसमें 6.57 करोड़ हेक्टेयर क्षेत्र में वनों का विस्तार है और 13.94 करोड़ हेक्टेयर भूमि का कृषि कार्य में इस्तेमाल किया जाता है। 16.40 करोड़ हेक्टेयर में फसल उगाई जाती हैं,लेकिन सिंचित भूमि कुल कृषि भूमि का केवल 23 प्रतिशत है। आज भी पूरे देश में 7.05 करोड़ कृषि जोते हैं और औसत जोत 2.06 प्रति हेक्टेयर आता है। खाद्यान 80 प्रतिशत तथा अन्य फसलें 20 प्रतिशत उत्पादित की जाती हैं। राष्ट्रीय आय में कृषि उत्पादन से होने वाली आय लगभग 48 प्रतिशत है।

परंपरागत रूप से भारत को निर्विवाद रूप से एक कृषि प्रधान देश माना जाता है। इसलिए गावों के देश भारत में सहकारिता के लिए व्यापक संभावनाएं हैं। यहां सहकारिता अपने सभी उद्देश्यों को सहज ही प्राप्त कर सकती है।

देश की 70 प्रतिशत जनसंख्या के विकास की अनदेखी कर भारत को वैश्विक स्तर पर बड़ी शक्ति बनाने का दावा एक खोखला नारा हो सकता है, सच्चाई नहीं। राष्ट्रपिता महात्मा गांधी ने राजनीतिक आंदोलन के साथ ही ग्रामीण विकास का नारा दिया था। ग्राम उनके विकास कार्यक्रम का आधार रहे थे। भारत के प्रत्येक व्यक्ति को भोजन, वस्त्र, आवास और रोजगार उपलब्ध कराना महात्मा गांधी का एकमात्र लक्ष्य था। गांधीजी जी का मानना था कि आदर्श ग्राम पूरी तरह स्वावलंबी होना चाहिए। घरों में पर्याप्त प्रकाश एवं हवा की व्यवस्था होनी चाहिए। उन्हें पूरी तरह साधन संपन्न होना चाहिए। उनमें पानी की उचित व्यवस्था के साथ-साथ आपसी भेद-भाव मिटाने के लिए सार्वजानिक मिलन-स्थल भी होना चाहिए। सार्वजनिक चरागाह, दुग्धशाला, शिक्षा संस्थाएं, जिनमें ओद्योगिक शिक्षा उपलब्ध हो तथा हर गांव में अपनी पंचायत हो, सुरक्षा के लिए ग्रामरक्षक भी होना चाहिए- ऐसी थी गांधीजी की आदर्श गांव की कल्पना जिसे हासिल करने की कभी ईमानदारी से कोशिश

नहीं की गई।

हालांकि ग्रामीण विकास तथा भारत के ग्रामों के आधुनिकीकरण का लक्ष्य प्राप्त करने के लिए कई तरह की योजनाएं बनाई गईं। कार्यक्रम चलाए गए। लेकिन व्यावहारिक धरातल पर उन्हें उतारा नहीं जा सका। सत्ताधारी दलों की कोशिश गांवों को सक्षम और स्वावलंबी बनाने की जगह सौगात बांटकर वोट हासिल करने की रही।

1978 में विभिन्न राज्यों के सहकारिता मंत्रियों का एक सम्मेलन आयोजित किया गया था। उसमें राष्ट्रीय आयोजन तथा विकास में सहकारी आंदोलन की भूमिका और सहकारी आंदोलन के लोकतांत्रिक स्वरूप तथा सहकारी संस्थाओं की व्यापार कुशलता को बढ़ावा देने व बनाये रखने की आवश्यकता को ध्यान में रखते हुए, ग्रामीण विकास के लिए कई संकल्प लिए गए थे। जिनमें मुख्य थे-

1. सहकारी समितियों का निर्माण विकेंद्रित, श्रम प्रधान ग्रामोन्मुख आर्थिक विकास के एक प्रमुख साधन के रूप में किया जायगा।

2. सहकारी आंदोलन का विकास निर्बलों की ढाल के रूप में किया जाएगा। छोटे और सीमान्त किसानों तथा खेतिहर मजदूरों, ग्रामीण कारीगरों और मध्यम तथा निम्न आय वर्गों के साधारण उपभोक्ताओं की सहकारी कार्यक्रमों में भाग लेने के लिए ज्यादा मौका दिया जायगा।

3. सम्पूर्ण तथा व्यापक ग्रामीण विकास के लिए ऋण, कृषि निवेश की आपूर्ति, डेयरी, कुक्कुट पालन, मछली पालन, सूअर पालन सहित कृषि उत्पादों, आवश्यक उपभोक्ता वस्तुओं के विपणन और वितरण में संबंध बनाकर ग्रामीण क्षेत्रों में एक मजबूत, जीवन तथा समन्वित सहकारी प्रणाली बनाई जायगी।

4. सहकारी कृषि संसाधनों और औद्योगिक इकाइयों का शहरों और गांवों में जाल बिछाया जायेगा जिससे उत्पादकों तथा उपभोक्ताओं के बीच लाभकर आर्थिक संबंध स्थापित किया जा सके।

5. उपभोक्ता सहकारी आंदोलन का निर्माण इस प्रकार किया जायेगा जिससे सार्वजनिक वितरण प्रणाली (शहर तथा ग्राम दोनों में) मजबूत हो और उपभोक्ता संरक्षण को सहारा मिले, तथा वह मूल्य स्थिरीकरण का साधन बन सके।

ग्रामीण विकास को सैद्धांतिक रूप से राष्ट्रीय उन्नति और सामाजिक कल्याण के लिए एक अनिवार्य शर्त के रूप में स्वीकार किया गया। समस्या

केवल ग्रामीण क्षेत्र के विकास की ही नहीं, बल्कि ग्रामीण समुदायों, जिनमें पूरा राष्ट्र समाविष्ट है, के विकास की है। प्रत्येक ग्रामीण परिवार को समग्र राष्ट्रीय उत्पादन एवं वर्तमान प्रति व्यक्ति आय में न्यायपूर्ण अंश प्राप्त होना चाहिए। इस प्रकार समग्र विकास कार्यक्रम का प्रयोग इन कार्यों से जुड़ा है :-

(क) आय, रोजगार और उत्पादन की वृद्धि एवं अधिकतम उपयोग जिससे लोगों को गरीबी की रेखा से ऊपर उठाया जा सके।

(ख) जनसंख्या के कमजोर वर्गों के प्रति विकास के आनुपातिक लाभ की अपेक्षा अधिक लाभ सुनिश्चित करना।

(ग) न्यूनतम आवश्यकता कार्यक्रमों, रोजगार, शिक्षा, जीवनस्तर, स्वास्थ्य, पेयजल, परिवहन, बिजली आदि को पूर्ण करना।

(घ) काम के लिए अनाज कार्यक्रम से बेकारी दूर करना तथा उद्योगों की स्थापना करना

(ङ) सामाजिक एवं आर्थिक अवस्थापना का निर्माण।

(च) गरीबों की भलाई के लिए विद्यमान संस्थाओं एवं संगठनों को नया मोड़ देना।

(छ) विशेषकर ग्रामीण गरीबों को बचाने के लिए उपयुक्त संगठन की स्थापना।

(ज) ग्रामीण विकास केन्द्रों को विपणन केन्द्र के रूप में मान्यता देना तथा इस प्रकार उनमें सभी तकनीकी, विकास रोजगार संबंधी सुविधाओं को उपलब्ध कराना।

समग्र ग्रामीण विकास कार्य को सही दिशा में लाने के लिए विशेषज्ञों ने खण्ड स्तरीय विकास कार्यक्रम को सबसे बेहतर विकल्प माना है। यह स्वीकार किया गया कि विकास खंड ही विकास का आधार हो सकता है जो राष्ट्रीय विकास योजना के निर्माण में विशेष योगदान दे सकता है।

हम जिस समाज के सदस्य हैं, उसकी नींव में आश्वासन और अविश्वास का सम्मिश्रण है। इस सब के पीछे स्वार्थी तत्वों की अदृश्य प्रेतछाया है, जिसके कारण सहकारी संस्थाएं अपने उद्देश्य को प्राप्त नहीं कर पा रही हैं। इसलिए यह आवश्यक है कि सहकारी संस्थाएं राजनीतिक प्रभाव से मुक्त की जाएं और सही तथा सामूहिक चेतना से संपन्न नेतृत्व के साथ अपने लक्ष्य की ओर अग्रसर हों।

हालांकि यह व्यावहारिक रूप से पूर्णतया संभव नहीं दिखता लेकिन कुछ प्रयासों से इसे स्वस्थ बनाया जा सकता है। इसके लिए एक सहकारी सतर्कता आयोग का गठन किया जाए जो बेईमान और स्वार्थी निदेशकों को दंडित करे

तो कुछ बात बन सकती है। साथ ही नियुक्ति के लिए निष्पक्ष और सक्षम समिति हो। सहकारी समितियों के स्वस्थ विकास के लिए यह आवश्यक है कि कर्मचारियों का चयन कर उनकी श्रेणी तैयार की जाए और उसे विभिन्न कार्यकारी सहकारी समितियों के राज्य स्तरीय संघ को सौंपा जाये। ताकि गुणवत्तापूर्ण चयन, पदोन्नति के अवसर, अच्छा वेतन, नौकरी की सुरक्षा के साथ सहकारी समितियों के लिए निर्भय और निष्पक्ष होकर वे कार्य कर सकें। एक बार यदि यह परिपाटी शुरू हो जाय तो कोई व्यक्ति स्वार्थ या अन्य उद्देश्य से निदेशक के रूप में चुने जाने का प्रयास नहीं करेगा।

इसके साथ ही नेतृत्व की परिपक्वता के लिए सहकारी शिक्षा को अनिवार्य के जाने की जरूरत है। वर्तमान शिक्षा प्रणाली में डिग्री बटोर कर युवा वर्ग बेरोजगारों की पंक्ति में खड़ा हो सकता है लेकिन अपने पैरों पर खड़ा होकर नेतृत्व की बात सोचना उसके लिए मुश्किल है। इसलिए स्कूलों तथा कालेजों में प्रारम्भ से ही सहकारी शिक्षा अनिवार्य किए जाने की जरूरत है ताकि छोटी उम्र से ही सहकारी नेतृत्व कि बात व्यावहारिक रूप में प्रकट हो। पदाधिकारियों के लिए नियमित रूप से गोष्ठी का आयोजन होना चाहिए और यदि पदाधिकारी किसी संगठन में पूर्णकालिक या अंशकालिक काम करते हैं तो उन्हें उचित वेतन या मानधन दिया जाना चाहिए। जिससे गलत रास्ते से पैसे लेने जैसी बातें बंद हों।

सहकारी समितियों के संचालन के लिए योग्य व्यक्ति का चयन जरूरी है इसके लिए सहकारी कानूनों में संशोधन की आवश्यकता है। प्रायः सहकारी समितियां ऐसे व्यक्ति को संचालन का कार्यभार सौंप देती हैं जो संचालन कला से पूरी तरह अनभिज्ञ होते हैं। इससे वैमनस्य बढ़ता है। लोग आलसी होने लगते हैं। इसलिए जरूरी है कि समिति के अंदर से ही किसी योग्य व्यक्ति को कार्यभार सौंपा जाए। लेकिन इस बात पर भी ध्यान देना जरूरी है कि चुना गया व्यक्ति योग्य हो, निश्चित रूप से अपने में चुना गया व्यक्ति दिये गए कार्यभार का स्वागत करेगा, खुद पर गर्व करेगा साथ ही सहकारिता और सहकारियों के बीच वफादार भी रहेगा। तभी प्रतियोगिता कि भावना से ओत-प्रोत हो यह सहकारिता आगे बढ़ेगी।

वर्तमान समय में देश के ग्रामीण क्षेत्रों के विकास के लिए सहकारी बैंक, भूमि विकास बैंक, औद्योगिक सहकारी संस्थाएं, सहकारी कृषि समितियां, सहकारी विपणन समितियां, सहकारी उपभोक्ता समितियां, ग्रामीण विद्युत सहकारिताएं आदि अनेकों संस्थाएं कार्य कर रही हैं। लेकिन वास्तविकता यह है कि इन संस्थाओं का अधिकाधिक लाभ ग्रामीण क्षेत्र के कुछ संपन्न वर्ग

के लोगों को मिला है। इस कारण आम ग्रामीण व्यक्ति को इन संस्थाओं के कार्यों में कोई रूची नहीं है। इसी तरह की स्थिति शहरी क्षेत्रों की उपभोक्ता व सहकारी समितियों की है।

आज आवश्यकता इस बात कि है कि सच्चे दिल से जन-कल्याण एवं राष्ट्र-कल्याण कि भावना को ध्यान में रखकर इस बात पर विचार किया जाय कि देश में इतनी बड़ी मशीनरी एवं करोड़ों रूपये के प्रावधान के बावजूद भी सहकारिता का कार्यक्रम सामान्य ग्रामीण व्यक्ति के लिए लाभप्रद क्यों नहीं हो सका। युवा पीढ़ी क्यों सहकारिता के नाम से चिढ़ती है? इसका एकमात्र कारण यह है कि सहकारिता विभाग ने अपनी मूल भावना को ध्यान में रखकर कार्य नहीं किया और जो कार्य किया है वह इतना नगण्य है कि सामान्य ग्रामीण का विश्वास और भरोसा अर्जित नहीं किया जा सका।

इसलिए अब जरूरी है ग्रामीण विकास के लिए सहकारी संस्थाओं को महत्व दिया जाए। इसके लिए –

(क) सहकारी संस्था को ग्राम विकास योजना निर्माण एवं उसके कार्यन्वयन का एक अभिन्न अंग माना जाए। सहकारी संस्थाओं का ग्राम पंचायत तथा अन्य विकास अभिकरण से पूर्ण समन्वय स्थापित रहे।

(ख) गांव की कुल आवश्यकता में से अधिकाधिक आवश्यकताओं की पूर्ति का दायित्व सहकारी समितियों को दिया जाए।

(ग) ग्राम विकास योजना के लिए भी आर्थिक स्रोत के रूप में ग्रामीण सहकारी संस्था को प्रमुख स्थान दिया जाए।

(घ) सहकारी संस्था, ग्राम स्थित सभी प्रकार के अभिकरणों में समन्वय स्थापित करने का उत्तरदायित्व संभालें।

(ङ) "ग्राम अंगीकृत योजना" को समग्र ग्रामीण विकास योजना का आधार बिन्दु मानकर कार्यनिवत किया जाए। इस कार्यक्रम को आर्थिक, सामाजिक, सांस्कृतिक संस्थाएं भी अपना रही हैं।

उद्देश्यों तथा विचारधारा की दृष्टि से ग्रामीण विकास कार्यक्रम तथा सहकारी संगठन एक ही विषय के दो पहलू हैं। दोनों का मुख्य उद्देश्य समाज का आर्थिक उत्थान करना एवं शोषण रहित समाज की स्थापना करना है। फर्क केवल इतना है कि ग्रामीण विकास कार्यक्रम कि संज्ञा देकर सहकारिता के साधन का प्रयोग करना है।

सहकारिता की परिधि के अंतर्गत सभी प्रकार के आर्थिक कार्यक्रम आते हैं, चाहे वे कृषि, विपणन,आपूर्ति, उद्योग, प्रक्रिया अथवा अन्य किसी भी संबंधित क्रिया से जुड़े हों। ग्राम से लेकर राष्ट्रीय स्तर तक, प्रत्येक स्तर पर

सहकारी संगठन कार्यरत ही नहीं, निरंतर बढ़ते चले जा रहे हैं। अतः ग्रामीण विकास कार्यक्रम को एक प्रकार से सहकारिता का ही एक अंग माना जा सकता है क्योंकि सहकारिता के क्षेत्र ग्राम से भी आगे हैं।

वास्तव में सहकारिता आंदोलन का प्रादुर्भाव ग्रामीण अर्थव्यवस्था में सुधार के लिए ही हुआ था। सहकारिता ने भारत में 90 प्रतिशत ग्रामों से अधिक की अपनी कार्य परिधि कार्यक्षेत्र में लिया है। औसतन प्रत्येक चार ग्रामों की बीच एक ग्रामीण सहकारी समिति कार्यरत है। सहकारी सिद्धांतों के अनुसार कार्य करने से ग्राम जन-समुदाय अपने आप ही सहकारिता की प्रगति को ग्रामीण विकास मानने लगा है। सहकारिता की मुख्य रणनीति स्थानीय संसाधनों को विकसित कर उनका जनता के लिए उपभोग करना है जो ग्रामीण विकास कार्यक्रम के अनुरूप है। नियोजकों तथा विशेषज्ञों के साथ एक कमी रही है कि उन्होंने सहकारी इकाइयों जो मात्र इनपुट प्रदान करने वाली संस्था समझा, जबकि वास्तविक रूप से ये संस्थाएं सभी प्रकार का कार्य करने में न केवल सक्षम है वरन कर भी रही है और इस प्रकार ये ग्रामीण विकास के मुख्य केन्द्र के रूप में काम कर रही हैं। इनकी क्षमता का पूर्ण उपयोग करना वर्तमान स्थिति में आवश्यक ही नहीं अनिवार्य हो गया है। सहकारिता का संगठनात्मक ढांचा, कार्यप्रणाली, सिद्धांत, जन-समुदाय की साझेदारी, वित्तीय सुदृढता, विस्तार, आदि ऐसे आधार हैं जिनसे ग्रामीण विकास का मुख्य तथा एकमात्र साधन सहकारिता को ही माना जा सकता है।

किसानों की आय दुगनी करने में सहकारिता आंदोलन की महत्वपूर्ण भूमिका हो सकती है। यदि इसे राजनीति की प्रेतछाया से मुक्त कर सही पटरी पर लाया जाए तो यह क्रांतिकारी विकास का वाहक बन सकता है। ग्रामीण पत्रकारों को भी इसे सही दिशा में लाने के लिए प्रयास करने की जरूरत है।

संभावनाएं और चुनौतियां

गांवों का संबंध अब उनके टोलों तक सीमित नहीं रहा। पूरी दुनिया एक गांव बन चुकी है। पहले पड़ोसियों के यहां क्या हो रहा है यह गांव-समाज की जिज्ञाशा का विषय हुआ करता था। अब इसका दायरा बढ़ चुका है। उसे दुनिया के हर देश के बारे में जानने की उत्सुकता रहती है। उसे मंगल मिशन में भी दिलचस्पी होती है और चंद्रयान में भी। अब गांव तक खबरें पहुंचने के बहुत सारे माध्यम हो गए हैं। अखबार, पत्रकार और पत्रकारिता का संबंध दूर-दराज के गावों से जुड़ चुका है।

ग्रामीण पत्रकारिता के विकास की संभावनाओं और चुनौतियों की बात करें तो शुरुआत उस पुरानी कहावत से करनी होगी कि भारत गांवों का देश है। 2011 की जनगणना के मुताबिक देश की कुल 1210854977 की आबादी में 833748852 लोग गावों में रहते हैं। यानी कुल जनसंख्या का 70.7 प्रतिशत। आंकड़ों के मुताबिक भारत में कुल 6,38,365 गांव हैं। इनमें 500 की आबादी वाले छोटे गांव भी हैं और 10,000 की आबादी वाले बड़े गांव भी। अगली जनगणना 2021 में होनी है। उसकी रिपोर्ट जारी होगी तब पता चलेगा कि 10 वर्षों के अंदर आबादी में कितना इजाफा हुआ है। लेकिन अनुमान लगाया जाता है कि 2019 तक भारत की जनसंख्या 14 हजार 135 करोड़ का आंकड़ा पार कर चुकी है और 2030 के बाद यह चीन की जनसंख्या से आगे निकल जाएगी। इस बीच रोजगार की तलाश में गांव से शहरों की ओर युवा वर्ग का पलायन भी जारी है। संभव है यह अनुपात कुछ बदला हो। फिर भी इसमें संदेह नहीं कि शहरीकरण की आंधी और स्मार्ट शहरों के निर्माण के इस दौर में भी भारत की आत्मा गावों में बसती है। गावों की उपेक्षा करना भारत की आत्मा की उपेक्षा करने के समान है। लेकिन पत्रकारिता की बात करे तो अपने जन्मकाल से लेकर कुछ वर्ष पूर्व तक वह मुख्यतः शहरी क्षेत्रों में ही केंद्रित रही है। ग्रामीण भारत की खबरों में पत्रकारों और मीडिया संस्थानों की लंबे समय तक विशेष दिलचस्पी नहीं रही है। मुख्यधारा की पत्रकारिता तो

राजधानी दिल्ली की सत्ता के ईर्द-गिर्द ही मंडराती रही है।

हालांकि हाल के वर्षों में भारत के गांवों का माहौल भी बदला है और पत्रकारिता का रूझान भी। गांवों में भी देश-दुनिया की घटनाओं के प्रति दिलचस्पी बढ़ी है। वे सिर्फ उनकी जानकारी ही नहीं प्राप्त करते बल्कि उनपर अपनी प्रतिक्रिया भी व्यक्त करते हैं। यह पत्रकारिता चौक-चौराहों तक सीमित नहीं रहती। सोशल साइटों और मीडिया मंचों पर भी पहुंचती है। उसमें गंभीरता होती है। यह ग्रामीण जनता के अंदर जागरुकता बढ़ने का सूचक है। मीडिया के विभिन्न स्वरूपों के साथ सोशल मीडिया से भी ग्रामीणों का जुड़ाव बढ़ा है। वे पिछड़ेपन की खोल से बाहर निकल रहे हैं। राष्ट्र की मुख्यधारा के करीब आ रहे हैं।

प्रिंट मीडिया की बात करें तो कहना पड़ेगा कि छपे अक्षरों की सत्ता शहरी इलाकों से खिसककर धीरे-धीरे ग्रामीण क्षेत्रों में अपना प्रभुत्व कायम कर रही है। बल्कि सच तो यह है कि इंटरनेट की मार ने जहां विश्व के अधिकांश देशों में प्रिंट मीडिया की पाठक संख्या पर नकारात्मक प्रभाव डाला है वहीं भारत में गांवों के नवसाक्षर वर्ग ने उसे संजीवनी प्रदान की है। देश-दुनिया के प्रति उसकी बढ़ती जिज्ञाशा और राजनीतिक जागरुकता ने समाचार पत्रों और पुस्तक-पुस्तिकाओं के शहरी क्षेत्रों में सिमटते पाठक वर्ग में नया पाठक वर्ग जोड़कर नया प्राण फूंक दिया है। पिछले कुछ दशकों के अंदर गांव-समाज में बड़ा बदलाव आया है। पंचायती राज व्यवस्था में आई मजबूती और सत्ता के विकेंद्रीकरण की प्रक्रिया ने भारतीय गावों का कायाकल्प कर दिया है। कृषि क्षेत्र में गंभीर संकट के बावजूद आर्थिक क्रियाकलाप के नए द्वार खुल गए हैं। विकास की किरनें उन तक पहुंचने लगी हैं। इसके साथ ही आधुनिकता का बयार भी बहने लगा है। सरकारी योजनाओं के जरिए कच्चे मकान पक्के होते जा रहे हैं। घर-घर में शौचालय बन रहे हैं। खुले में शौच की विवशता लगभग खत्म हो चुकी है। घर-घर बिजली पहुंचाने का अभियान तेज़ हो चुका है। अधिकांश गांव लालटेन और बैलगाड़ी युग से बाहर निकल आए हैं। अब काठ के पहिये वाली बैलगाड़ी टायर के पहिये से होती हुई ट्रैक्टरों में तब्दील हो चुकी है। ढिबरी और लालटेन की जगह एलईडी के बल्ब जगमगाने लगे हैं। वह जमाना गया कि गांव में बमुश्किल एकाध ट्रांजिस्टर हुआ करता था जिसके ईर्द-गिर्द पूरा गांव-समाज मंडराता रहता था। अब तो लगभग हर घर में टीवी है। हर पांचवें व्यक्ति के पास मोबाइल फोन है। उनमें बड़ी संख्या स्मार्ट फोन धारकों की है। वे इंटरनेट के जरिए देश-दुनिया की हलचलों से अवगत रहते हैं। ब्लॉग और वेबसाइट चलाते हैं। वीडियो बनाते हैं और यू-ट्यूब पर

अपलोड करते हैं। शिक्षा का प्रसार बढ़ा है। उच्च शिक्षा में भले अभी भागीदारी कम हो लेकिन निरक्षरों की तादाद घटी है। अब अंगूठा छाप लोगों की जगह दस्तखत करने वाले और कम से कम हिंदी पढ़ने-लिखने वाले लोगों की जमात मौजूद है। उनके अंदर पढ़ने की ललक है। वे समाचार पत्र बड़े चाव से पढ़ते हैं। पुस्तकें भी पढ़ते हैं। बड़े बुजुर्ग भी अब वयस्क शिक्षा के जरिए काले अक्षरों को पहचानने लगे हैं। समस्याएं अभी भी हैं। लेकिन समाधान के रास्ते भी मौजूद हैं। आज का किसान नकदी फसलों की आधुनिक खेती करता है। कोई विवशता न हो तो अब वह अपनी फसल लेकर अचानक शहर की ओर नहीं चल देता। निकलने के पहले मोबाइल पर मंडी का पूरा हाल जान लेता है। सरकारी योजनाओं की जानकारी रखता है। उनका लाभ उठाने के प्रति सतर्क रहता है। सामाजिक संगठनों, राजनीतिक दलों और स्वयंसेवी संस्थाओं से जुड़ाव रखता है। मुखिया, सरपंच और प्रखंड कार्यालय के संपर्क में रहता है। यह अलग बात है कि उनके बीच से थाना और बीडियो आफिस की दलाली करने वाला एक वर्ग भी निकल आया है। मुखिया-सरपंच अपनी मनमानी से बाज नहीं आते। गांव के दबंग परिवार सरकारी योजनाओं का लाभ पहले उठाने और आवंटित राशि की लूट के प्रयास में लगे रहते हैं। कहीं जातीय संघर्ष का हिंसक रूप करवटें लेता है तो कहीं सामंती मानसिकता कमजोर तबकों पर हावी होने का प्रयास करती है। लेकिन इन सबके बावजूद जैसे-जैसे जागरूकता बढ़ रही है, गांव-समाज के लोग अपने अधिकारों के प्रति सजग हो रहे हैं। उसके लिए संघर्ष कर रहे हैं। जातीय भेदभाव पहले से बहुत कम हुआ है। कई मुद्दों पर गांव के गांव एकजुट हो जाते हैं। पहले जहां पूरे गांव के एकाध घर में अखबार आता था, आज घर-घर में अखबार आता है। लोग गौर से पढ़ते हैं और देश-दुनिया की ताज़ा-तरीन खबरों पर आपस में बहस करते हैं। सोशल मीडिया में अपने विचार व्यक्त करते हैं। राजनीतिक दलों से उनका संपर्क बढ़ा है। राजनीतिक गतिविधियों में योगदान बढ़ा है। गांव की समस्याओं पर आधारित खबरों को अब मीडिया में जगह मिलने लगी है। मीडिया को भी नव साक्षर वर्ग के अंदर प्रसार संख्या और टीआरपी की संभावनाएं दिखने लगी हैं। प्रखंड और पंचायत स्तर पर विज्ञापन की संभावनाओं के द्वार खुलने लगे हैं। इलेक्ट्रोनिक और डिजिटल मीडिया ने ग्रामीण अंचलों में भी अपना प्रभुत्व जरूर बढ़ाया है लेकिन प्रिंट मीडिया को भी अपनी प्रसार संख्या बढ़ाने में कामयाबी मिली है।

80 के दशक में अक्षर भारत नाम का एक साप्ताहिक अखबार आया था। कई भाषाओं में उसके संस्करण निकलते थे। उसकी योजना पूरे ग्रामीण

भारत में अपनी पहुंच बनाने की थी लेकिन वह प्रयोग वस्तुगत स्थितियों के परिपक्व होने से कुछ पहले ही किया गया था इसलिए अपेक्षित सफलता नहीं मिल सकी। अलग-अलग इलाकों में वहां प्रचलित भाषाओं के संस्करण निकालने के बावजूद यह कोई धमक नहीं पैदा कर सका। आज इस तरह के प्रयोग के लिए परिस्थितियां अनुकूल हैं। यह बात अलग है कि कई कारणों से भारी-भरकम पूंजी लगाकर उस अवधारणा पर काम करने वाला कोई साहसी प्रकाशक आगे नहीं आ रहा। लेकिन आज ईनाडू अखबार ग्रामीण पत्रकारिता को एक नई धार देने में पूरी तरह सफल है। सीमित इलाके में सही लेकिन वह प्रखंड स्तर पर भी पूरी सफलता के साथ अलग संस्करण तक निकाल रहा है। गांवों में खबरें भी मिल रही हैं, पाठक भी मिल रहे हैं और विज्ञापन भी प्राप्त हो रहा है। ग्रामीण संस्करण अपना खर्च आराम से निकाल ले रहे हैं। अन्य मीडिया घरानों के लिए वह एक दृष्टांत बन गया है। हिंदी पट्टी में भले ही कोई दैनिक अखबार अभी जिला और अनुमंडल स्तर पर संस्करण निकालने का जोखिम नहीं उठा रहा है लेकिन उनके ब्यूरो कार्यालय जरूर प्रखंड स्तर तक से संचालित होने लगे हैं। ग्रामीण क्षेत्रों की संभावनाओं को वे समझ चुके हैं और धीरे-धीरे वहां अपनी पहुंच बढ़ा रहे हैं।

मीडिया की आय की बात करें तो ग्रामीण अंचलों में विज्ञापन की संस्कृति भी विकसित हो रही है। मुखिया और सरपंच के पास विकास की राशि सीधे पहुंचने लगी है। गांव स्तर पर योजनाएं बनने लगी हैं। पंचायती राज की संस्थाओं और प्रखंड कार्यालयों की भूमिका और वित्तीय शक्ति बढ़ी है। वे अपनी विकास गाथाओं को विज्ञापन के माध्यम से प्रचारित करते हैं। ग्रामीण नेता अपनी पार्टी के आलाकमान तक पहुंच बनाने और संसदीय संस्थाओं में प्रवेश के लिए मीडिया का सहारा लेने लगे हैं। आर्थिक गतिविधियों के कारण गांवों में एक नया उपभोक्ता वर्ग पैदा हो गया है। इसीलिए राष्ट्रीय-बहुराष्ट्रीय कंपनियों को भी ग्रामीण इलाकों में व्यवसाय विस्तार की संभावनाएं दिख रही हैं। गावों में बड़ी-बड़ी कंपनियों के होर्डिंग नज़र आने लग गए हैं। उनके शोरूम खुल गए हैं। विज्ञापन का एक यह भी स्रोत खुल गया है। गांव के नौजवान अब साइकिलों की जगह बाइक पर फर्राटें भरते दिखते हैं। उनका रहन-सहन, चाल-ढाल और फैशन-परस्ती शहरी नौजवानों को मात देने लगी है। कई लोगों के पास बोलेरो और स्कार्पियो जैसी गाड़ियां आ गई हैं। अधिकांश गावों को उबड़-खाबड़ कच्ची सड़कों से निजात मिल चुकी है। वे पक्की सड़कों से तेज़ी से जुड़ रहे हैं। बिजली पहुंच चुकी है। किसान पारंपरिक खेती की जगह औषधीय और नकदी फसलों से जुड़ रहे हैं। कृषि संकट के

बावजूद ग्रामीण समाज का यह बदलाव नज़र आने लगा है।

आज आर्थिक गतिविधियों की धुरी शहरी इलाकों से हटकर गावों की ओर केंद्रित हो रही है। इसका कारण यह है कि शहरी क्षेत्रों में आवश्यकता और विलासिता की बुनियादी वस्तुओं की पहुंच कुलीन तबकों से होती हुई निम्न मध्यम वर्ग तक पहुंच चुकी है। जो इन्हें एकमुश्त खरीद नहीं सकते उन्हें ईएमआई की सुविधा मिल रही है। बैंकों के कर्ज की उपलब्धता और ईएमआई की सुविधा ने निम्न मध्यम वर्ग तक को उपभोक्ता संस्कृति का मुरीद बना दिया है। इसके कारण शहरी क्षेत्रों में इन वस्तुओं की मांग में निरंतर कमी आती जा रही है। दूसरी तरफ ग्रामीण इलाकों में शैक्षणिक विकास, सरकारी योजनाओं, ग्राम आधारित उद्योगों के विस्तार के साथ एक नया उपभोक्ता वर्ग सामने आया है। उसके पास क्रय शक्ति है और सुख सुविधाओं की लालसा भी। उसका रहन-सहन शहरी लोगों से होड़ लेने लगा है। लिहाजा ग्रामीम भारत में कारपोरेट घरानों को नया बाजार मिला है और इन सबके जरिए पत्रकारिता को भी फलने-फूलने के लिए खाद-पानी आसानी से उपलब्ध होने लगा है। संभावनाओं का लगातार विस्तार हो रहा है। लेकिन विडंबना यह है कि अभी तक पत्रकारिता का मुख्य फोकस सत्ता की उठापठक वाली राजनीति और कारोबार जगत की ऐसी हलचलों की ओर रहा है, जिसका आम जनता के जीवन-स्तर में बेहतरी लाने से कोई वास्तविक सरोकार नहीं होता। पत्रकारिता अभी तक मुख्य रूप से महानगरों और सत्ता के गलियारों के इर्द-गिर्द ही घूमती रही है। ग्रामीण क्षेत्रों की ख़बरें समाचार माध्यमों में स्थान तो पा रही हैं लेकिन उन्हें प्रमुखता तभी मिलती है जब किसी बड़ी प्राकृतिक आपदा या व्यापक हिंसा के कारण बहुत से लोगों की जानें चली जाती हैं। ऐसे में कुछ दिनों के लिए राष्ट्रीय कहे जाने वाले समाचार पत्रों और मीडिया जगत की मानो नींद खुलती है और उन्हें ग्रामीण जनता की सुध आती जान पड़ती है। इसके अलावा बड़े राजनेताओं के दौरों के कवरेज के दौरान भी ग्रामीण क्षेत्रों की ख़बरों को प्रमुखता से स्थान मिल पाता है। ग्रामीण समस्याओं की रिपोर्ट मीडिया में आती जरूर है लेकिन किसी को यह सुनिश्चित करने की जरूरत नहीं होती कि उन समस्याओं को स्थाई रूप से दूर करने और ग्रामीणों की अपेक्षाओं को पूरा करने के लिए सरकार द्वारा किए गए वायदों को कब, कैसे और कौन पूरा करेगा।

सूचना में बहुत शक्ति होती हैं। इसी बात को ध्यान में रखकर सूचना का अधिकार अधिनियम, 2005 लागू कर आम नागरिकों को सूचना के अधिकार से लैस किया गया था और उन्हें शक्ति-संपन्न बनाने का प्रयास किया गया था। लेकिन इसके जरिए जनता का सशक्तीकरण इतना ज्यादा हो गया कि सत्ता

वर्ग को इससे परेशानी होने लगी। हाल में संशोधन के जरिए इस अधिनियम को कमजोर कर दिया गया है। लेकिन तब भी और अब भी जनता को इस अधिकार का व्यापक और वास्तविक लाभ पत्रकारिता के माध्यम से ही मिलता रहा है। आम जनता अपने दैनिक जीवन की जटिलताओं और रोजी-रोटी का जुगाड़ करने में ही इस क़दर उलझी रहती है कि उसे संविधान और कानून द्वारा प्रदत्त अधिकारों का लाभ उठा सकने के उपायों को अमल में लाने की चेष्टा करने का अवसर ही नहीं मिल पाता। सामाजिक कार्यकर्ता और जागरुक लोग ही उन्हें उनकी शक्तियों का अहसास कराते हैं और उनके उनपयोग की प्रेरणा देते हैं।

फिर भी कुछ सुदूर ग्रामीण क्षेत्र ऐसे भी हैं जहां समाचार पत्र-पत्रिकाओं का लाभ विलंब से मिल पाता है। बिजली और केबल कनेक्शन का विस्तार तेज़ी से अवश्य हो रहा है लेकिन बिजली की आपूर्ति की स्थिति अभी भी लचर है। बिजली के अभाव में टेलीविज़न निरंतर नहीं चल पाते। इंटरनेट का स्पीड धीमा रहता है। अभी भी ट्रांजिस्टर ही एकमात्र भरोसेमंद उपकरण बना हुआ है। सामुदायिक रेडियो और सरकारी रेडियो अभी भी जनता का सबसे सुलभ माध्यम है और इनकी पहुंच हर जगह है। रेडियो के माध्यम से ग्रामीण पत्रकारिता को नई बुलंदियों तक पहुंचाया जा सकता है और पत्रकारिता के क्षेत्र में नए-नए आयाम खोले जा सकते हैं। ऐसा हो भी रहा है लेकिन रफ्तार धीमी है।

टी.वी. चैनलों और बड़े अख़बारों की समस्या यह है कि वे फिलहाल ग्रामीण क्षेत्रों में अपने संवाददाताओं और छायाकारों को स्थाई रूप से नियोजित नहीं कर पाते। करियर की दृष्टि से शहरी क्षेत्र का कोई सुप्रशिक्षित पत्रकार ग्रामीण पत्रकारिता की ओर अपना ध्यान केंद्रित नहीं कर पाता। बल्कि आलम यह है कि ग्रामीण क्षेत्रों से पत्रकारिता के क्षेत्र में जो प्रतिभाएं उभरती हैं वो अपना करियर बनाने के लिए शहरों की ओर निकल जाना बेहतर समझती हैं क्योंकि वहां भरण-पोषण भर वेतन मिलने की उम्मीद रहती है। ग्रामीण पत्रकारिता के नाम पर विभिन्न समाचार माध्यमों में जो लोग नियमित रिपोर्टिंग करते हैं उनमें अधिकांशतः जिला या अनुमंडल मुख्यालयों के अंशकालिक रूप से काम करने वाले अप्रशिक्षित पत्रकार होते हैं। वे दिन रात खबरों के पीछे भागते हैं लेकिन उन्हें अपनी मेहनत का समुचित पारिश्रमिक नहीं मिल पाता। यदि नई ऊर्जा से लैस प्रतिभावान युवा पत्रकार अच्छे संसाधनों से प्रशिक्षण हासिल करने के बाद ग्रामीण पत्रकारिता को पूरी प्रतिबद्धता के साथ अपनाने के लिए आगे आएं तो परिदृश्य अवश्य बदलेगा। करियर बनाने की दृष्टि से

भी ग्रामीण भारत में अपार संभावनाएं हैं और उनका निरंतर विस्तार हो रहा है। यह समय की मांग है।

गांवों की ताकत का सही अंदाजा चुनाव के समय लगता है। केंद्र अथवा राज्य की सरकारें 70 प्रतिशत ग्रामीण मतदाताओं की बदौलत ही बनती हैं। चुनाव के समय उम्मीदवारों का पूरा ध्यान ग्रामीण मतदाताओं की ओर लगा रहता है। उस समय गांव-देहात राजनीति का केंद्र बन जाते हैं।

देश की अर्थव्यवस्था में सबसे अधिक योगदान ग्रामीण भारत का ही होता है। फिर भी ग्रामीण आबादी को पत्रकारिता के केंद्र में अभी तक क्यों नहीं लाया जा सका इसपर शोध किया जाना चाहिए। शहरी मीडिया को नेताओं, अभिनेताओं, बड़े खिलाड़ियों और सेलिब्रेटीज के पीछे भागने की जगह उस ग्रामीण आबादी की तरफ ध्यान देना चाहिए, जिसके दम पर सारी व्यवस्था चलती है।

पत्रकारिता जनता और सरकार के बीच, समस्या और समाधान के बीच, व्यक्ति और समाज के बीच, गांव और शहर की बीच, देश और दुनिया के बीच, उपभोक्ता और बाजार के बीच सेतु का काम करती है। यदि यह अपनी भूमिका सही मायने में निभाए तो देश की तस्वीर बदल सकती है। लेकिन चमक-दमक और चकाचौंध की मृगतृष्णा, पत्रकार और अखबार मालिकों के निजी स्वार्थ इसके रास्ते में आड़े आते हैं।

सरकार जनता के हितों के लिए तरह-तरह के कार्यक्रम बनाती है। नीतियां तैयार करती है। कानून बनाती है। योजनाएं शुरू करती है। सड़क, बिजली, स्कूल, अस्पताल, सामुदायिक भवन आदि जैसी मूलभूत अवसंरचनाओं के विकास के लिए फंड उपलब्ध कराती है। लेकिन उनका लाभ कैसे उठाना है, इसकी जानकारी अधिकांश ग्रामीण जनता को नहीं होती। इसलिए प्रशासन को लापरवाही और भ्रष्टाचार में लिप्त होने का मौका मिल जाता है। जन-प्रतिनिधि चुनाव जीतने के बाद जनता के प्रति बेखबर हो जाते हैं और अपने किए हुए वायदे जान-बूझकर भूल जाते हैं। गांवों के सीधे-सादे लोग उनसे हिसाब नहीं मांग पाते। प्रायः चुनाव जीतने के बाद नेता फिर अगले चुनाव में नए-नए वायदों का पिटारा लेकर आते हैं।

ज्ञान-विज्ञान के क्षेत्र में नई-नई ख़ोजें होती रहती हैं। शिक्षा और रोजगार के क्षेत्र में नए-नए द्वार खुलते रहते हैं। स्वास्थ्य, कृषि और ग्रामीण उद्योग के क्षेत्र की समस्याओं का समाधान निकलता है, जीवन में प्रगति करने की नई संभावनाओं का पता चलता है। इन नई जानकारियों को ग्रामीण जनता तक पहुंचाने के लिए तथा लगातार काम करने के लिए उन पर दबाव बढ़ाने,

प्रशासन के निकम्मेपन और भ्रष्टाचार को उजागर करने, जनता की सामूहिक चेतना को जगाने, उन्हें उनके अधिकारों और कर्त्तव्यों का बोध कराने की जिम्मेवारी पत्रकारिता चाहे तो मुस्तैदी और निर्भीकता से उठा सकती है। किसी प्राकृतिक आपदा की आशंका के प्रति समय रहते जनता को सावधान करने, उन्हें बचाव के उपायों की जानकारी देने और आपदा एवं महामारी से निपटने के लिए आवश्यक सूचना और जानकारी पहुंचाने में जनसंचार माध्यमों, खासकर रेडियो की भूमिका बहुत महत्वपूर्ण हो जाती है।

पत्रकारिता आम तौर पर नकारात्मक विधा मानी जाती है, जिसकी नज़र हमेशा नकारात्मक पहलुओं पर रहती है, लेकिन ग्रामीण पत्रकारिता सकारात्मक और स्वस्थ पत्रकारिता का क्षेत्र है। भूमंडलीकरण और सूचना-क्रांति ने जहां पूरे विश्व को एक गांव के रूप में तब्दील कर दिया है, वहीं ग्रामीण पत्रकारिता गांवों को वैश्विक परिदृश्य पर स्थापित कर सकती है। गांवों में हमारी प्राचीन संस्कृति, पारंपरिक ज्ञान की विरासत, कला और शिल्प की निपुण कारीगरी आज भी जीवित है, उसे ग्रामीण पत्रकारिता राष्ट्रीय और अंतर्राष्ट्रीय पटल पर ला सकती है। बहुराष्ट्रीय कंपनियां यदि मीडिया के माध्यम से धीरे-धीरे ग्रामीण उपभोक्ताओं में अपनी पैठ जमाने का प्रयास कर रही हैं तो ग्रामीण पत्रकारिता के माध्यम से गांवों की हस्तकला के लिए बाजार और रोजगार भी जुटाया जा सकता है। ग्रामीण किसानों, घरेलू महिलाओं और छात्रों के लिए बहुत-से उपयोगी कार्यक्रम भी शुरू किए जा सकते हैं जो उनकी शिक्षा और रोजगार को आगे बढ़ाने का माध्यम बन सकते हैं।

इसके लिए ग्रामीण पत्रकारिता को अपनी सृजनकारी भूमिका को पहचानने की जरूरत है। अपनी अनन्त संभावनाओं का विकास करने एवं नए-नए आयामों को खोलने के लिए ग्रामीण पत्रकारिता को इस समय प्रयोगों और चुनौतियों के दौर से गुजरना होगा।

ग्रामीण पत्रकारिता का इतिहास

ग्रामीण पत्रकारिता पर चर्चा के क्रम में पत्रकारिता के उद्भव और विकास पर भी एक नज़र डालनी आवश्यक है। भारत में 18वीं शताब्दी में छपाई मशीन आ गई थी। एक तरफ मुद्रण की तकनीक विकसित हो रही थी दूसरी तरफ देश में अंग्रेजी सत्ता के खिलाफ राष्ट्रीय नवजागरण आंदोलन का दौर गति पकड़ रहा था। इसी माहौल में पत्रकारिता भी अपना स्वरूप ग्रहण कर रही थी। वह काल बाधाओं और संघर्षों से भरा हुआ था। भारत का पहला अखबार जेम्स आगस्टस हिकी नामक एक अंग्रेज ने निकाला था। वह ईस्ट इंडिया कंपनी में कार्यरत था लेकिन कंपनी की नीतियों से क्षुब्ध था। उसने हिकीक गजट नामक एक साप्ताहिक अखबार का प्रकाशन कर ईस्ट इंडिया कंपनी के आला अधिकारियों की मनमानी और लूट के खिलाफ अपनी भड़ास निकाली थी। हिकीज गजट के जरिए उसने उन तथ्यों को उजागर करना शुरू किया था जिन पर कंपनी के हुक्मरान परदा डाले रखना चाहते थे। कंपनी के अधिकारी उसके इस दुःसाहस से आग बबूला हो उठे और उसे तरह-तरह से प्रताड़ित करने के बाद उसे दंड स्वरूप वापस इंग्लैड भेज दिया। लेकिन वह इतनी सीख दे गया कि पत्रकारिता का अर्थ राजसत्ता की काली करतूतों को उजागर करना है और यह जोखिम उठाना पत्रकार का फर्ज। चाहे इसके लिये कोई भी कीमत चुकानी पड़े। अगर दंड मिले तो उसे पुरस्कार समझना चाहिए। य़ही वह सोच थी जिसने भारतीय पत्रकारिता की बुनियाद रची।

भारत में नवजागरण आंदोलन का एक उद्देश्य आजादी की लड़ाई को धार देना था और दूसरा ईस्ट इंडिया कंपनी द्वारा भारत के संसाधनों की लूट और भारत की पारंपरिक अर्थ व्यवस्था तथा शिल्प-कौशल को नष्ट करने के अभियान के खिलाफ संघर्ष करना। तीसरा उद्देश्य समाज सुधार के

का अभियान और आंदोलन चलाना था। इसके अलावा भारतीय समाज को रूढ़िवाद के संजाल से निकाल कर आधुनिक ज्ञान-विज्ञान से जोड़ना भी नवजागरण आंदोलन का एक लक्ष्य था। जब हम भारतीय पत्रकारिता के उस कालखंड का अध्ययन करते हैं और 1780 से लेकर 1947 तक के उतार चढ़ाव पर नज़र डालते हैं। तब यह स्पष्ट होता है कि राष्ट्रीय नवजागरण के चारों आयामों के चिंतक और महान सेनानी पत्रकारिता के भी पुरोधा रहे हैं। उन्हांने अपने अभियानों को जन-जन तक पहुंचाने के लिए या तो स्वयं पत्र-पत्रिकाओं का संपादन-प्रकाशन किया अथवा प्रकाशित हो रहे पत्र-पत्रिकाओं में निरंतर लिखा। उस समय अखबारों की प्रसार संख्या सीमित थी। लेकिन उनमें छपे हुए शब्दों का प्रभाव गहरा था। समाज की दशा और दिशा को बदलने में उनकी अहम भूमिका रही थी। इसका प्रमाण इस तथ्य से मिलता है कि सन् 1878 में तब के गवर्नर जनरल लार्ड लिंटन अखबारों के इस कदर चिढ़े कि उन्होंने भारतीय भाषाओं की पत्रकारिता पर अंकुश लगाने के लिए वर्नाकुलर प्रेस एक्ट लागू किया था। अंग्रेजी के अखबारों की भूमिका अलग थी। स्वतंत्रता संग्राम से उनका कोई सरोकार नहीं था। वे अंग्रेजी सत्ता के पिट्ठू थे इसलिए कंपनी को उनसे कोई परेशानी नहीं थी। उन्हें प्रतिबंध से मुक्त रखा गया था।

1780 के जमाने में भारत में जब नवजागरण का दौर चल रहा था और मुद्रण तकनीक का आगमन हो चुका था तो इसके बाद अखबार का प्रकाशन शुरू हुआ। उस दौर के अखबारों में समाज के कमजोर, गरीब तबकों और गांवों के हालात पर भी बराबर चिंता की जाती थी। उनके मुद्दों को पूरी गंभीरता के साथ उठाया जाता था और कंपनी सरकार के तंत्र को उनके प्रति आगाह भी किया जाता था। लेकिन यह सिलसिला आजादी मिलने तक ही चला। इसके बाद स्थितियों में बदलाव आने लगा। आजादी के बाद के 10-15 साल तो आजादी के सम्मोहन में ही गुजर गए। उस समय के पत्रकारों को लग रहा था कि स्वतंत्रता संग्राम के अगुआ नेता सरकार चला रहे हैं तो वे राष्ट्र के नवनिर्माण का काम पूरी मुस्तैदी से करेंगे। देशवासियों के सपनों को पूरा करने में अपना जी जान लगा देंगे। स्वतंत्रता संग्राम के समय लिए गए संकल्पों को पूरा करेंगे। लेकिन आजादी के दो दशक के भीतर ही मोहभंग के हालात सामने आने लगे। तब पत्रकारिता की दुनिया में साप्ताहिक दिनमान जैसे पत्र सामने आये जिन्होंने पत्रकारिता को शहरों की चकाचौंध से बाहर निकालकर सुदूर गांवों और कस्बों तक पहुंचाया। दिनमान ने ग्रामीण जनता की अपेक्षाओं, आकांक्षाओं तथा ज़मीनी हकीकतों को उजागर करने वाले संवाद लिखने

की भाषा और शैली और उसका प्रयोग करने वाले पत्रकार तैयार किए। यह पत्रकारिता का नया अनुभव था। मोहभंग की इस प्रक्रिया को बौद्धिक ताकत और खुराक देने के लिए डा.राममोहन लोहिया जैसे प्रखर समाजवादी चिंतक सक्रिय थे। आश्चर्य की बात है कि हिन्दी या अन्य भारतीय भाषाओं ने किसानों का मुद्दा नहीं उठाया, बल्कि अंग्रेजी अखबार द हिन्दू के ग्रामीण मामलों के संपादक पी. साईनाथ ने लगातार देश भ्रमण कर किसानों की समस्याओं का जायजा लिया, मैदानी अध्ययन से तथ्य जुटाए और किसानों की अत्महत्या की त्रासदी को अखबारों में चर्चा का विषय बनाया। आत्ममुग्ध टेलीविजन मीडिया को फैशन वीक और नाग-नागिन का बदला, भूत-प्रेतों की कहानियां जैसे निरर्थक विषयों के कवरेज के लिये तो ललक रहती है परन्तु कर्जग्रस्त किसानों की एक के बाद एक हजारों की संख्या में पहुंच चुकी आत्महत्याओं की फिक्र नहीं सताती। अखबारों में खेती के उत्पादन और भंडारों की चर्चा तो यदा-कदा होती है परन्तु यह चर्चा नदारत है कि रसायनों के बेइंतहा इस्तेमाल ने अनाजों, फलों और सब्जियों की पौष्टिकता छीनकर उन्हें जहरीला बना डाला है। जिस उर्वरक जमीन पर किसानों को फख्र हुआ करता था अब वह कैंसर जैसी जानलेवा बीमारियों का जनक बन रही है। इसका एकमात्र कारण यह है कि ग्रामीण पत्रकारिता प्रभावी नहीं रही और मेन स्ट्रीम मीडिया को कृषि जगत की विडंबनाओं से कुछ लेना-देना ही नहीं था। किसानों को इस बात से आगाह करने का कोई माध्यम नहीं था कि रासायनिक खादों, कीटनाशकों और खरपतवार नाशकों का किस सीमा तक प्रयोग किया जा सकता है। इसकी वह सीमा कहां तक है जिसे पार करना आत्मघाती सिद्ध हो सकता है। इन्हीं रसायनों से मिश्रित मिट्टी जब खेतों से बहकर नदियों-तालाबों तक पहुंचती है तो जल स्रोतों को भी जानलेवा प्रदूषण से ग्रस्त कर डालती है। यदि ग्रामीण पत्रकारिता चैतन्य होती और उसके लिए अखबारों और अन्य मीडिया मंचों में पर्याप्त गुंजाइश बनती तो रासायनिक प्रदूषण के खतरों से किसानों को आगाह किया जा सकता था। लेकिन ग्रामीण पत्रकारों को दोयम दर्जे का माना जाता रहा और उनकी रिपोर्ट को गंभीरता से नहीं लिया गया। वे स्वयं भी इन मुद्दों के प्रति विशेष जागरुक नहीं रहे अन्यथा किसी न किसी रूप में सरकार का ध्यान इस ओर आकृष्ट कर सकते थे। कृषि वैज्ञानिकों से इसपर विशेषज्ञ टिप्पणियां एकत्र कर किसानों तक पहुंचा सकते थे। ग्रामीण समाज की आर्थिक खुशहाली के लिए जरूरी था कि वहां खेती-किसानी के साथ-साथ हस्तशिल्प और कुटीर उद्योगों को प्रश्रय और प्रोत्साहन मिले। ताकि यह किसानों और कृषि पर निर्भर आबादी की आमदनी बढ़ाने में कारगर सिद्ध हो सकें। ग्रामीण

पत्रकार इस स्थिति की ओर सरकार का ध्यान दिलाने में बड़ी भूमिका निभा सकते थे। लेकिन शहरी मानसिकता के मीडिया के समक्ष उनकी बातों का कोई महत्व नहीं था। सहकारिता की अवधारणा भी ग्रामीण अर्थ व्यवस्था को मजबूती देने के लिए ही रखी गई थी लेकिन जागरुकता के अभाव के कारण यह अपने उद्देश्यों में बुरी तरह असफल साबित हुई। ग्रामीण भारत में खुशहाली लाने की जगह यह आंदोलन भ्रष्टाचार का पर्याय और माफियाई लूट का साधन बन गया। स्वार्थी तत्वों के हाथ में आने के कारण यह किसानों की बरबादी का ही सामान साबित हुआ। ग्रामीण क्षेत्रों में सड़क, बिजली, पानी, अस्पताल और शिक्षा की बदतर स्थितियों ने शहरों की ओर पलायन को बढ़ावा दिया। अव्वल तो गांवों को प्राथमिकता की सूची से ही गायब कर दिया गया। दूसरे, भारी भ्रष्टाचार और प्रशासनिक अमले की अकर्मण्यता और लापरवाही ने गांव के जीवन को नर्क बना डाला। यदि बुनियादी सुविधाएं सुनिश्चित हों और गुणवत्तापूर्ण हों तो ग्रामीण आबादी का पलायन रुक सकता है। इससे शहरों पर पड़ने वाले आबादी के दबाव में भी कमी आएगी। लेकिन समाचार पत्रों के पन्नों और टेलीविजन की दृश्यावलियों से यह मुद्दा ही सिरे से गायब है। वस्तुस्थिति यह है और केंद्र सरकार किसानों की आय दुगनी करने की बात कर रही है। इसे राजनीतिक सगूफा कहें या विडंबना ।

आंचलिक व जिला स्तर पर यह तथ्य भी ध्यान देने लायक है कि जब टेलीविजन माध्यम का तेजी से विस्तार हो रहा था, तब यह आशंका उठाई जा रही थी कि इसके कारण प्रिंट मीडिया पर प्रतिकूल प्रभाव पड़ेगा। परंतु अनुभव कुछ और ही बताता है। पिछले दो दशकों में भारतीय भाषाओं के समाचार पत्रों की प्रसार संख्या काफी बढ़ी है। हिन्दी के अखबारों ने तो अंगरेजी के अखबारों को बहुत पीछे छोड़ दिया है। सबसे ज्यादा प्रसार संख्या और पाठक संख्या वाले पहले दस समाचार पत्रों में अब अंग्रेजी का कोई अखबार नहीं हैं। वह जगह हिन्दी, मराठी, तमिल, बांग्ला, मलयालम के पत्रों ने भरी है। प्रसार संख्या शहरी क्षेत्रों से बाहर ग्रामीण क्षेत्रों में भी बढ़ी है। व्यवहार में इसका असर यह हुआ है कि दिल्ली, मुंबई, कोलकाता, चेनई जैसे महानगरों के अखबारों को अलग-अलग राज्यों के लिए आंचलिक संस्करण प्रकाशित करना पड़ रहा है। उधर राज्यों की राजधानियों से प्रकाशित होने वाले अखबारों को अलग-अलग जिलों के लिये परिशिष्ट निकालना पड़ रहा है। अखबारों और टीवी चैनलों के जिलों के दफ्तरों में भी विज्ञप्तियों और ज्ञापनों की बाढ़ आ रही है। उन्हें जैसे-तैसे अखबारों में पन्नों में जगह भी मिल रही है। लेकिन गुणवत्तापूर्ण ग्रामीण पत्रकारिता का अभाव भी अनुभव किया जा रहा है। किसी माध्यम से

मिलने वाली सूचना अथवा दस्तावेजों को एक अच्छी खबर में तब्दील करने के लिये जिस कौशल की जरूरत होती है, जिस भाषा और शैली की जरूरत होती है, उपयुक्त प्रस्तुति की जरूरत होती है, उसका कमोबेश अभाव मीडिया के ढांचे में महसूस होता है। इस कमी को दूर करने के लिए समाचार पत्रों और पत्रकारों को विशेष प्रशिक्षण की आवश्यकता है। कम समय के छोटे-छोटे प्रशिक्षण शिविर पत्रकारिता के कौशल को निखारने में मददगार हो सकते हैं। एक देश या समाज के पैमाने दूसरे देश के लिए सटीक नहीं हो सकते। वास्तव में भारत एक महादेश है। यहां अलग-अलग प्रांतों की भाषाएं, समझ और संस्कृति भी कुछ न कुछ भिन्नता या विशिष्ट पहचान लिए हुए हैं। मूल संस्कृति का एक सूत्र अवश्य है लेकिन आंचलिक संस्कृतियों में विविधता है जो भारत को अनेकता में एकता और विविधाओं में विशिष्टता का स्वरूप प्रदान करता है। इस वैविध्य की संरक्षा और उसकी विशिष्टताओं का परीक्षण होते रहना चाहिये। ग्रामीण पत्रकारिता इस दिशा में भी कारगर भूमिका निभा सकती है यदि उसे स्वयं को अभिव्यक्त करने का मौका प्रदान किया जाए।

तकनीकी विकास का योगदान

पिछली शताब्दी तक ग्रामीण क्षेत्रों में गिने चुने टेलीफोन कनेक्शन होते थे। कई गावों के बीच में कोई एक एसटीडी बूथ होता था। उस समय किराए पर जासूसी और सामाजिक उपन्यास पढ़ाने वाली गुमटियां होती थीं। युवा वर्ग के लोग प्रतिदिन की दर पर उनसे किताबें लाते थे और पढ़कर वापस लौटा देते थे। जासूसी उपन्यासों के पात्रों द्वारा जब वे ट्रांसमीटर के इस्तेमाल का विवरण पढ़ते थे तो उन्हें आश्चर्य होता था। वे समझ नहीं पाते थे कि बिना बिजली कनेक्शन के कहीं से कहीं बात कैसे हो सकती है। वह बेसिक फोन का जमाना था। जब कार्डलेस फोन आए तो आश्चर्य हुआ कि बिना किसी तार के घर आंगन में, छत पर टहलते हुए भी बात हो जाती है। फिर मोबाइल का आगमन हुआ जो शुरू में महंगा था और स्टेटस सिंबल बना हुआ था। मोबाइल रखने वाला व्यक्ति बड़ा आदमी माना जाता था। बाद में इसकी उपलब्धता बढ़ती गई। फीचर बढ़ते गए। फेरीवाले और खेतिहर मजदूर तक मोबाइल धारक हो गए तो समझ में आया कि हर कोई इब्ने सफी, बीए के उपन्यासों के कैप्टन हमीद और कर्नल विनोद जैसा संवाद कर सकता है। धीरे-धीरे यह रोजमर्रे के जरूरी उपकरण के रूप में शामिल हो गया। फिर स्मार्ट फोन का जमाना आ गया जो घड़ी, कैमरा, कैलकुलेटर, टीवी आदि का अकेला विकल्प बनने लगा। इसने लोगों के सोच में क्रांतिकारी परिवर्तन लाया। लोग इंटरनेट और सोशल मीडिया के प्लेटफार्मों से जुड़ने लगे।

देश दुनिया के बारे में जानने की प्रेरणा जागृत करने में तकनीक का बड़ा योगदान रहा। ग्रामीण पत्रकारिता के विकास को भी इससे पंख लगे। तकनीकी विकास ने जीवन के हर क्षेत्र को प्रभावित किया है। इसकी पहुंच

अमीर से गरीब तक, महानगर से दूरस्थ गावों तक हो चुकी है। तकनीकी उपकरणों की कीमत दिन ब दिन कम होती जा रही है। ये इतने सस्ते होते जा रहे हैं कि सामान्य व्यक्ति भी उन्हें हासिल कर सकता है। उनका उपयोग कर सकता है। गांव के किसान तक इनकी पहुंच होती जा रही है। आज का ग्रामीण समाज रंगीन टीवी, डीटीएच, एफएम रेडियो, पंखा, कूलर और एसी तक का आराम से उपभोग कर रहा है। आज का किसान इंटरनेट पर खेती की नई-नई तकनीक की जानकारी ले रहा है। खेत की जुताई, बोआई से लेकर फसल कटाई तक में तकनीक की सहायता ले रहा है। इसमें खर्च तो आ रहा है लेकिन इसका लाभ भी मिल रहा है। खेती का संकट भी है लेकिन वह सरकारी नीतियों के कारण है यह बात किसानों की समझ में आने लगी है। हाल के वर्षों में किसानों की आत्महत्या की घटनाएं बढ़ी हैं तो उनका आंदोलन भी तेज़ हुआ है। सरकार भी समझ रही है कि गावों और किसानों की उपेक्षा कर वह सत्ता में बनी नहीं रह सकती है। इसलिए सत्तारूढ़ और विपक्षी दलों में किसानों का समर्थन प्राप्त करने, उनके हितों की बात करने की होड़ सी लग गई है।

ग्राणीण क्षेत्रों के किसान, मजदूर, सब्जी विक्रेता, दुकानदार, दूध विक्रेता आदि का पूरा कारोबार शहरों में होता है। इसमें मोबाइल फोन की भूमिका अहम है। वे मंडी का मिजाज समझ चुके हैं। उन्हें पता है कि मंडी में हर दिन नया भाव खुलता है। कभी कीमत कम खुलती है कभी ज्यादा। उन्हें यह भी पता है कि जब नई फसल तैयार होती है तो खाद्यान्न व्यापारी उसे कम से कम कीमत पर खरीदना चाहते हैं। इसके लिए भाव गिरा देते हैं। तकनीक से लैस होने के कारण अब किसान मंडी में भावों के उतार-चढ़ाव के खेल को समझ चुका है। उसे अपना माल कब बेचना है, वह कितना इंतजार कर सकता है, वह समझ चुका है। वह रोज का भाव पता करता है और सही समय पर अपनी फसल ले जाता है। महाजनों का दबाव होने पर वह फसल कम कीमत पर बेचने को विवश हो जाता है अन्यथा भाव गिर जाने पर वह अपनी फसल रोककर रखता है और भाव बढ़ने का इंतजार करता है।

खासतौर पर सीमांत किसानों के पास भावों के उतार चढ़ाव को देखने की स्थिति नहीं होती। उन्हें तुरंत पैसों की जरूरत पड़ती है। खेती का सामान खरीदने अथवा बेचने से पहले अधिकांश किसान स्थिति का पता कर लेते हैं। मंडी खुलेगी या नहीं अथवा कब तक खुलेगी। मौसम का हाल भी वे मीडिया और इंटरनेट के जरिए पता कर लेते हैं। मोबाइल फोन ने ग्रामीणों के जीवन को काफी आसान कर दिया है। इंटरनेट उनके लिए वरदान बनकर आया है।

प्रायः बताया जाता है कि मोबाइल फोन और इंटरनेट शहर के लोगों में

अपनी पकड़ मजबूत कर रहा है, लेकिन ग्रामीण परिवेश के लिए यह कितना उपयोगी है प्रायः इसका आकलन नहीं किया जाता। इसमें कोई संदेह नहीं कि मोबाइल के उपभोक्ता शहरों में ज्यादा हैं लेकिन गावों में उनकी संख्या तेज़ी से बढ़ रही है। ग्रामीण भारत की ओर केंद्रित कुछ पत्रिकाओं में सामाजिक बदलाव में मोबाइल के योगदान का समय-समय पर आकलन किया जाता है। हाल के वर्षों में गांवों में मोबाइल और इंटरनेट की मांग में भी काफी वृद्धि हुई है। सोशल मीडिया से भी ग्रामीण परिवार जुड़ रहे हैं। यू-ट्यूब जैसे वीडियो साइट का जमकर उपयोग किया जाता है। कृषि, स्वास्थ्य आदि से जुड़ी जानकारियां अथवा सूचनाओं को एकत्रित किया जाता है। ग्रामीण विकास में मोबाइल फोन के योगदान को नकारा नहीं जा सकता। सरकार भी किसानों को मोबाइल से लैस करने में मदद कर रही है। केंद्र और राज्य सरकारों के बजट में भी ग्रामीण क्षेत्रों के विकास पर विशेष ध्यान दिया जाता है।

अपने ग्राहकों की संख्या बढ़ाने के लिए निजी संचार कंपनियों को भी मजबूर होकर शहर से गांव की ओर मुड़ना पड़ा है। निजी कंपनियों की प्रतिस्पर्धा ने मोबाइल ओर सिम कार्ड को गांव-गांव तक पहुंचा दिया है। निजी कंपनियों ने ग्राहकों को अपनी ओर आकर्षित करने के लिए निःशुल्क सिम तक देने शुरू कर दिए हैं। ऐसे में ग्रामीणों ने मोबाइल से स्वतः ही जुड़ना शुरू कर दिया और आज मोबाइल फोन ग्रामीण जीवन का अहम हिस्सा बनता जा रहा है। जिला मुख्यालय के किसी विभाग में काम पड़ता है तो जाने से पहले वे फोन करके पता कर लेते हैं, कि शहर आकर उनका काम हो पाएगा या नहीं। देश के विभिन्न राज्यों में खेती-किसानी के हाल से वह अवगत रहता है। वैज्ञानिक शोध के बारे में जानने का प्रयास करता रहता है।

हालांकि अभी इंटरनेट की स्पीड की समस्या है। गांवों में प्रायः मोबाइल का टावर कमजोर होता है और इंटरनेट की स्पीड धीमी होती है। इसके कारण कनेक्टिविटी की समस्या होती है। 4 जी का कनेक्शन होता है लेकिन 2 जी की गति होती है। सरकार को इस समस्या की जानकारी है। इसी समस्या के निदान के लिए 4 दिसंबर 2018 को भारत की अंतरिक्ष एजेंसी इसरो ने अबतक के सबसे वजनी सैटेलाइट जीसैट-11 का प्रक्षेपण किया गया। यह अत्याधुनिक तकनीक पर आधारित है। जब यह सुचारू रूप से काम करने लगेगा तो धरती के एक तिहाई हिस्से को 100 गीगाबाइट से ज्यादा की कनेक्टिविटी दी जा सकेगी। 14 गीगाबाइट प्रति सेकेंड की गति से डेटा ट्रांसफर किया जा सकेगा। ग्रामीण भारत के लिए यह वरदान होगा और देश के लिए इंटरनेट क्रांति का सूचक। इसके बाद किसान घर बैठे कृषि क्षेत्र मे हो रहे अनुसंधानों की लाइव

जानकारी ले सकेंगे।

एक समय था जब समाचार पत्र पूरी तरह शहरी क्षेत्र की खबरों की ओर ही केंद्रित रहते थे। गांव देहात की तरफ कभी-कभार ही समाचार पत्र-पत्रिकाओं की नजर जाया करती थी जब कोई बड़ा हादसा होता था या किसी बड़े नेता का दौरा। टेलीविजन चैनलों की तो ये हालत थी कि कभी गांव-देहात की कोई खबर आ गई तो गांव का भाग्य समझा जाता था। पूंजीगत लाभ न मिलने के कारण या दर्शकों की कमी होने के कारण समाचार चैनलों ने भी कभी गांवों की ओर रुख नहीं किया। पर जैसे-जैसे विकास हुआ वैसे-वैसे अखबारों और टीवी चैनलों की सोच भी बदली। यह परिघटना बाजारू प्रतियोगिता के कारण हुई या बढ़ती मांग के कारण कहना मुश्किल है लेकिन जैसे भी हो उनका रुख गांव-देहात की ओर मुड़ा है इसमें संदेह नहीं है।

भूमंडलीकरण की प्रक्रिया ने भी पत्रकारिता के विस्तार में महत्वपूर्ण योगदान दिया है। इलेक्ट्रोनिक मीडिया के आने से पहले सूचनाओं का एकमात्र स्रोत समाचार पत्र, पत्रिकाएं और रेडियो ही हुआ करते थे। टीवी सेट कम थे। थे भी तो बिजली के संकट के कारण शहरी इलाकों तक ही सीमित थे। गावों तक पहुंचते-पहुंचते सूचनाएं बासी हो जाती थीं। वैश्वीकरण की धारा ने हर क्षेत्र में क्रांतिकारी परिवर्तन का मार्ग प्रशस्त किया। कम्प्यूटर, बैंकिंग सेवाएं, बिजली पानी, सड़क, परिवहन, सेटेलाइट, उत्पादन कंपनियां आदि सभी क्षेत्रों में। ऐसे में पत्रकारिता जगत में निजी समाचार चैनलों का पदार्पण हुआ। सबसे पहले खबर पहुंचाने की होड़ शुरू हो गई। हाल यह हुआ कि सुबह से रात तक पहले जहां दो तीन समाचार बुलेटिन चलते थे वहां चौबीस घंटों का प्रसारण किया जाने लगा। पलक झपकते सूचनाएं लोगों तक पहुंचने लगीं।

विकास की गति तेज़ होने के कारण बिजली की उपलब्धता भी बढ़ी और इलेक्ट्रानिक क्रांति के कारण उत्पाद सस्ते हो चले। ऐसे में टेलीविजन सेट सस्ते हो घए। जो टीवी सेट आज से 20 साल पहले 20 हजार से अधिक की कीमत का मिलता था वह चार-पांच हजार में मिलने लगा। डीटीएच के जरिए सैकड़ों चैनल उपलब्ध होने लगे। समाचार चैनलों को टीआरपी बढ़ाने और लाभ अर्जित करने की प्रतियोगिता ने गांवों की ओर मोड़ दिया और वहां अवसर तलाश करने को विवश कर दिया।

प्रतियोगिता और बढ़ी तो चैनलों ने क्षेत्रीय भाषाओं में प्रसारण शुरू कर दिया। ईटीवी ने क्षेत्रीय भाषाओं के दर्जनाधिक संस्करण शुरू किए। मलयालम, कन्नड़, तमिल, भोजपुरी, हरियाणवी, बंगाली आदि तमाम भाषाओं को टीवी पर जगह मिलने लगी। ग्रामीण क्षेत्रों में चैनलों को खासी लोकप्रियता

मिलने लगी। कम पढ़े लिखे और क्षेत्रीय भाषा अथवा बोली के अलावा अन्य भाषाओं को नहीं जानने वाले भी इसका लाभ उठाने लगे। इससे जागरूकता बढ़ी। हिचक टूटी। लोग घर से निकल कर अपनी बात कहने के लिए बाहर आने लगे।

पत्रकारिता का बदलता स्वरूप

आज गावों में संभावनाओं के नए द्वार खुलने लगे हैं। टीवी चैनलों के राष्ट्रीय चैनलों के साथ क्षेत्रीय चैनल भी खुल रहे हैं। कार्पोरेट घराने गांवों की ओर आकर्षित हो रहे हैं। अखबार ग्रामीण संस्करण निकालने पर विचार कर रहे हैं। शहर के शोर से दूर लोग गांवों में जमीन लेकर शांति से रहना पसंद कर रहे हैं। सड़कें गांवों से जुड़ रही हैं। खरीद-फरोख्त में बिचौलिए कम होते जा रहे हैं। ऑनलाइन शॉपिंग की सुविधा देने वाली कंपनियां गांवों तक डिलीवरी देने की होड़ में लग गई हैं। कुल मिलाकर कहा जाए तो गांवों का स्वरूप, गावों का माहौल बदल रहा है। गांव अब पहले के पारंपरिक गांव नहीं रह गए। पत्रकारिता की दुनिया में पिछले दो-तीन दशकों के अंदर भारी परिवर्तन आया है। खासतौर पर नब्बे के दशक के बाद। पहले जहां पत्रकारिता एवं जनसंचार के गिने-चुने संस्थान हुआ करते थे, वहां आज के समय लगभग-लगभग हर बड़े शहर में पत्रकारिता संस्थान है जैसे दिल्ली, मद्रास, मुंबई, कोलकाता, लखनऊ, भोपाल आदि। देश के तमाम विश्वविद्यालयों में भी पत्रकारिता के पाठ्यक्रम संचालित किए जा रहे हैं।

पत्रकारिता आज सिर्फ जुनून तक सीमित नहीं रही। एक सम्मानजनक करियर का रूप ले चुकी है। इसमें जोखिम भी है और रोमांच भी। इसीलिए युवा वर्ग के लोग इस क्षेत्र में आने को आतुर रहते हैं। देश के अंदर बड़े-बड़े घोटालों को पत्रकारों ने ही उजागर किया है। पत्रकारिता संस्थान और पत्रकारों की बढ़ती मांग से पत्रकारिता जगत में नए आयाम खुले हैं। जैसे, राजनीतिक पत्रकारिता, खेल, अपराध, सामाजिक, विज्ञान, सांस्कृतिक, ग्रामीण, कारोबार, पर्यावरण, फोटो जर्नलिज्म आदि। इन सभी करियर क्षेत्रों में एक ग्रामीण पत्रकारिता भी शामिल है। यह कारोबार या राजनीतिक पत्रकारिता की तरह जरूर आकर्षक नहीं है लेकिन सम्मानजनक और आनंददायक है। इसके केंद्र

में पूरी तरह ग्रामीण समाज होता है। उन्हें मिलने वाली सुविधाएं, सरकारी योजनाएं, वहां हर दिन घट रही घटनाएं, अपराध, जन वितरण प्रणाली का राशन, किसी योजना का प्रचार-प्रसार, भ्रष्टाचार, चोरी-डकैती आदि बहुत सारे मुद्दे हैं जिन्हें उठाया जाता है।

ग्रामीण पत्रकारिता का महत्व इसलिए भी है कि देश की राजनीति में गांवों और किसानों का महत्व बढ़ा है। लोकसभा चुनाव तक ग्रामीण मुद्दों पर चुनाव लड़ा जाने लगा है। इसमें शौचालय, जलापूर्ति, सिंचाई, हैंडपंप, मनरेगा, किसानों का कर्ज आदि तमाम मुद्दे शामिल हैं। य ग्रामीण पत्रकारिता की ओर बढ़ते रूझान का यह भी एक बड़ा कारण रहा है। ग्रामीण क्षेत्रों में पत्रकारों को शहर की अपेक्षा ज्यादा सम्मान मिलता है। उनकी खबरों को ज्यादा विश्वसनीय माना जाता है। ग्रामीण पत्रकारिता का भविष्य पत्रकारिता के अन्य क्षेत्रों से कहीं ज्यादा उज्ज्वल है। ग्रामीण विकास में पत्रकारिता का बेहतर योगदान हो रहा है। पत्रकारों को इसका श्रेय भी मिलता है।

फिर भी यह एक कड़वा सच है कि आज के समय में ग्रामीण पत्रकारिता आसान नहीं है। इसके समक्ष गंभीर चुनौतियां है। चुनौतियां शहरों की मुख्यधारा की पत्रकारिता की भी हैं लेकिन उनकी प्रकृति भिन्न है। संसाधनों की कमी तो है ही ग्रामीण पत्रकार की सबसे बड़ी चुनौती आर्थिक है। तकनीकी रूप से उन्हें अंशकालिक संवाददाता करार दिया जाता है और उसी के अनुरूप मीडिया संस्थानों से वेतन के नाम पर थोड़े से पैसे मिलते हैं वह भी अनियमित। जबकि उनसे 24 घंटे खबरों की टोह में लगे रहने और तत्काल उन्हें प्रेषित करने की उम्मीद की जाती है। आलम यह है कि पत्रकारिता के जुनून में वे घरबार को भूलकर खबरों के संकलन में लगे रहते हैं लेकिन कई बार उनके लिए दो जून की रोटी जुटाना भी मुश्किल हो जाता है। यदि पत्रकारिता के अलावा उनके पास आय के दूसरे स्रोत न हो तो उनके लिए परिवार का भरण-पोषण मुश्किल हो जाता है।

रूरल जर्नलिस्ट एसोसिएशन ऑफ इंडिया (आरजेएआई) के राष्ट्रीय अध्यक्ष अरुण सिंह चंदेल ने एक मौके पर कहा था कि 'ग्रामीण पत्रकारों में से अधिकांश 100 से 200 रुपये रोजाना पर गुजर-बसर करते हैं। इसलिए वे पूर्णकालिक पत्रकार नहीं बन पाते। उन्हें खेती और पशुपालन जैसे आजीविका के दूसरे साधनों पर भी निर्भर रहना पड़ता है।' मैग्सेसे पुरस्कार प्राप्त और भारत में ग्रामीण पत्रकारिता के जाने-पहचाने नाम पी. साईनाथ का भी ग्रामीण पत्रकारिता के विकास में बड़ा योगदान रहा है। उनके अनुसार, 'ग्रामीण पत्रकारों को बहुत ही कम वेतन पर गुजारा करना पड़ता है। जिसकी वजह

से उन पर दबाव ज्यादा होता हैं। पत्रकार संगठनों की कमी और कॉन्ट्रैक्ट आधारित नौकरी के कारण पत्रकारों की स्वतंत्रता खत्म हो रही है।'

ग्रामीण इलाकों का सामाजिक ढांचा कुछ इस तरह का होता है कि लगभग सभी लोग एक दूसरे को जानते-पहचानते हैं। ऐसे में घोटालों और गड़बड़ियों का भंडाफोड़ करने वाले पत्रकारों के लिए सुरक्षा की भी एक गंभीर समस्या होती है। पत्रकारों पर स्थानीय राजनीति का जबर्दस्त दबाव होता है। किसी के खिलाफ लिखने के पहले बहुत कुछ सोचना पड़ता है। ज्यादा जुझारूपन दिखाना महंगा पड़ जाता है। एक तो पैसों की कमी दूसरे तीखी प्रतिक्रिया का डर। इसके कारण अक्सर पत्रकारों को बाहुबलियों के पक्ष में खबर लिखनी पड़ती है। ऐसे में उनके अंदर दलाली की प्रवृति जागृत होती है। गावों में रहकर पत्रकारिता करने वाले पत्रकारों का बड़ा हिस्सा थाना, प्रखंड विकास कार्यालय, मुखिया, सरपंच और दबंगों की दलाली कर तुरंत पैसा बनाने के चक्कर में पड़ जाता है।

ग्रामीण क्षेत्र का कोई पत्रकार जब किसी खबर की तहकीकात करता है तो उसे जाति और आर्थिक स्थिति का ध्यान भी रखना होता है। हर पत्रकार के अपने सामाजिक सरोकार होते हैं। उन्हें वह नज़र-अंदाज़ नहीं कर सकता। अपने सजातीय के खिलाफ लिखने पर उसके सामाजिक संरक्षण की ज़मीन दरकने और अलगाव में पड़ने का खतरा होता है और अपनी जाति से वैमनस्य रखने वालों के खिलाफ लिखे तो उसपर पक्षपात के आरोप लगने लगते हैं। जातीय वैमनस्य और सामाजिक सरोकार को वह नजर-अंदाज़ नहीं कर सकता। इन सब कारणों से ग्रामीण पत्रकारों की रिपोर्ट में प्रायः वह गुणवत्ता नहीं आ पाती जो आनी चाहिए। आज गावों से राष्ट्रीय-अंतर्राष्ट्रीय महत्व की खबरें निकलती हैं। सोनभद्र नरसंहार इसका एक उदाहरण है। ऐसी खबरों के समय ग्रामीण पत्रकार घटनास्थल पर जाकर सजीव रिपोर्टिंग करता है। इसके लिए वह अपनी जेब से पैसे खर्च करता है। दूसरी तरफ बड़ी खबर के कवरेज़ के लिए मुख्यालय से किसी वरिष्ठ पत्रकार को भेज दिया जाता है। इससे संवाद संकलन का श्रेय भी मुख्यालय के पत्रकार ले जाते हैं। ग्रामीण पत्रकार को न नाम निलता है न नामा। हालांकि वह स्वयं भी प्रयास करता है कि वह सूचनाओं तक ही स्वयं को सीमित रखे। संवेदनशील मामलों की विस्तृत रिपोर्ट उसके नाम से न छपे।

ग्रामीण पत्रकारिता में एक नया उभार बिहार में 70 के दशक में नक्सल आंदोलन के दौरान आया था जब निजी सेनाओं और नक्सली दस्तों के बीच खूनी संघर्ष का दौर चल रहा था। 1977 में बेलछी नरसंहार के बाद 20 वीं

शताब्दी के अंत तक दर्जनों नरसंहार हुए जिसमें सैकड़ों लोग मारे गए। उस समय बिहार के खेत खलिहानों से राष्ट्रीय-अंतराष्ट्रीय स्तर की खबरें निकलती थीं। प्रायः उनके कवरेज के लिए अखबारों के मुख्यालय से पत्रकार भेजे जाते थे जो स्थानीय पत्रकारों के सहयोग से घटनाओं की तह में जाकर रिपोर्ट तैयार करते थे। उस समय अंतर्राष्ट्रीय मीडिया की नज़र इन घटनाओं पर रहती थी। उन दिनों गिने-चुने मीडिया संस्थान थे। मोबाइल और इंटरनेट की सुविधा भी नहीं थी। ग्रामीण पत्रकार सीमित साधनों के जरिए प्राथमिक रिपोर्ट भेजते थे। इसके बाद मुख्यालय से किसी वरीय और अनुभवी पत्रकार को घटनास्थल पर भेजा जाता था। रिपोर्टिंग का श्रेय उन्हें मिलता था। प्राथमिक रिपोर्ट भेजने वाले मुफस्सिल पत्रकार नेपथ्य में चले जाते थे। आज भी बड़ी घटनाएं प्रायः ग्रामीण क्षेत्रों से ही निकलती हैं। चाहे झारखंड में पत्थलगड़ी का आंदोलन हो अथवा मॉब लिंचिंग का। डायन के नाम पर महिलाओं के उत्पीड़न या हत्या का मामला हो, तंत्र-मंत्र, जादू-टोना के नाम पर हिंसक घटनाएं हों अथवा नक्सली हिंसा का। धर्म परिवर्तन का मामला हो अथवा सरना और ईसाई आदिवासियों के संघर्ष का। अफीम की अवैध खेती और नशीले पदार्थों की तस्करी का रैकेट हो अथवा वन्यजीवों के शिकार और उनके अंगों की तस्करी का। सबका केंद्र ग्रामीण इलाकों में ही होता है। देखा गया है कि प्रायः संवेदनशील मामलों की रिपोर्टिंग स्वयं करने से ग्रामीण पत्रकार कतराते हैं। वे अखबार के मुख्यालय को सूचनाएं दे देते हैं लेकिन कोशिश करते हैं कि रिपोर्ट उनके डेटलाइन से प्रकाशित न हो। क्योंकि स्थानीय स्तर पर परेशानी हो सकती है। झारखंड के खूंटी जिले में जब पत्थलगड़ी का आंदोलन चल रहा था तो वहां से बड़ी-बड़ी राष्ट्रीय महत्व की खबरें निकलती थीं लेकिन रांची के अखबारों में मुख्यालय से ही खबरें छपती थीं। इलेक्ट्रानिक चैनलों के कैमरामैन और रिपोर्टर लाइव रिपोर्टिंग के लिए रांची से ही जाते थे। जबकि आज मोबाइल, ईमेल, व्हाट्सएप आदि तमाम तरह की सुविधाएं उपलब्ध हैं। ग्रामीण पत्रकार अपनी रिपोर्ट आराम से भेज सकते हैं। लेकिन उनकी सुरक्षा का सवाल महत्वपूर्ण हो जाता है। स्थानीय पुलिस पर वे भरोसा नहीं कर सकते। उनपर किसी तरह का हमला होने पर अखबार प्रबंधन उनका साथ देना तो दूर पहचानने तक से इनकार कर देता है। इस तरह की कई घटनाएं सामने आ चुकी हैं। यही कारण है कि मुफस्सिल अथवा ग्रामीण पत्रकार एक सीमा तक की जोखिम उठाते हैं। संवेदनशील घटनाओं के बाद ग्रामीण पत्रकारों की विवशता और उनकी चुनौतियों का आभास होता है। चुनावों के समय भी ग्रामीण पत्रकारों को काफी सतर्क रहना पड़ता है। तमाम उम्मीदवार उनके जान-पहचान के होते हैं। वे

किसी का पक्ष लेने या विरोध करने से बचते हैं क्योंकि चुनाव के समय की नाराजगी लंबे समय तक संबंधों पर असर डालती है। इसीलिए खासतौर पर पंचायती या स्थानीय निकायों के चुनावों के समय वे बहुत सोच समझकर लिखते हैं।

पेड न्यूज का प्रचलन ग्रामीण क्षेत्रों में भी मौजूद है। पैसों के एवज में पुलिस और प्रखंड तथा अनुमंडल स्तर के अधिकारियों की उपलब्धियों को बढ़ा-चढ़ाकर लिखना और उनके स्याह पक्ष पर पर्दा डालना पत्रकारों की एक हद तक विवशता होती है। इससे उनकी कुछ आर्थिक मदद हो जाती है और स्थानीय स्तर पर दलाली का रास्ता भी खुलता है। हालांकि उनके लिए ऐसी खबरों को प्रकाशित करवा पाना भी आसान नहीं होता। डेस्क पर बैठे अनुभवी उप संपादक खबर देखते ही ताड़ जाते हैं और वे पत्रकार से या तो हिस्सेदारी की मांग करते हैं या खबर को रोक देते हैं। ऐसी स्थिति में ग्रामीण पत्रकारों को दो दोतरफा दबाव झेलना पड़ता है।

गांवों में आवागमन के साधन भी शहरों की अपेक्षा कम होते हैं। कई इलाके अभी भी सड़क मार्ग से नहीं जुड़ पाए हैं। कहीं कहीं इंटरनेट की स्पीड धीमी होने के कारण भी खबरों का प्रेषण कठिन होता है। पत्रकार किसी तरह स्मार्ट फोन का जुगाड़ कर लेते हैं लेकिन कंप्यूटर या लैपटॉप नहीं ले पाते। ग्रामीण इलाकों में आधारभूत संरचना के विकास पर सरकार ध्यान दे रही है लेकिन फिलहाल बुनियादी सुविधाओं का अभाव है जिसका सामना पत्रकारों को करना पड़ता है। इतना तय है कि शहरी इलाकों की तरह ग्रामीण इलाकों में पत्रकारिता आजीविका का भरोसेमंद साधन नहीं बन पाई है। इसके लिए अभी लंबा संघर्ष करना होगा।

तमाम कठिनाइयों और चुनौतियों के बावजूद 'खबर लहरिया' नामक एक ग्रामीण अखबार ने ग्रामीण पत्रकारिता का एक नया कीर्तिमान स्थापित किया है। उत्तर प्रदेश और बिहार के ग्रामीण इलाकों में इस अखबार की 80 हजार से अधिक प्रतियां खप रही हैं। ग्रामीणों के बीच यह खासा लोकप्रिय हो चुका है। यह अखबार दूसरे अखबारों से इस मामलों में अलग है, कि इसके प्रकाशन खबरों के संकलन और संपादन का जिम्मा पूरी तरह महिलाओं के पास है। इस तरह के प्रयास ग्रामीण पत्रकारिता के विकास की असीम संभावनाओं का संकेत देते हैं। इधर गावों में आंगनबाड़ी, कौशल विकास, सेल्फ हेल्प ग्रुप आदि योजनाओं के जरिए जागरुक और शिक्षित महिलाओं का एक समूह सामने आया है। कुछ दैनिक अखबारों ने उन्हें गांव-समाज की खबरें लिखकर भेजने के लिए प्रोत्साहित किया है। समय-समय पर उनके प्रशिक्षण के लिए

कार्यशालाएं भी आयोजित की जा रही है। उनकी खबरों को अखबार में जगह मिलने लगी है। उनके जरिए ग्रामीण पत्रकारिता के नए आयाम सामने आ रहे हैं। लेकिन राष्ट्रीय स्तर पर पहचान बनाने के लिए ग्रामीण पत्रकारों को अभी लंबा संघर्ष करना होगा।

इतना तय है कि जबतक ग्रामीण इलाकों से दैनिक अखबारों के संस्करण नहीं निकलते और पेशेवर पत्रकारिता की संस्कृति विकसित नहीं हो जाती, पत्रकारों को एक सीमा तक ही जोखिम उठाना ही उचित होगा। वे खेतीबाड़ी, पशुपालन, स्थानीय परंपराओं, सांस्कृतिक गतिविधियों, लोक संस्कृति, विकास योजनाओं, जन समस्याओं, कुटीर उद्योगों आदि पर केंद्रित स्तरीय रिपोर्टिंग पर ध्यान केंद्रित कर सकते हैं।

भारत गांवों का देश है। आज भी देश की 70 प्रतिशत आबादी गावों में रहती है। शिक्षा के प्रसार के साथ अब गांव के लोग भी देश दुनिया की खबरों में रुचि लेने लगे हैं। गावों में एक नया पाठक वर्ग तैयार हुआ है जो अखबारों की प्रसार संख्या को सम्मानजनक स्तर पर टिकाए हुए है। राजनीतिक हलचलों का केंद्र जरूर शहरों में होता है लेकिन देखा गया है कि बड़ी खबरें प्रायः गावों से ही निकलती हैं। इसीलिए अखबारों में भी गांव समाज की खबरों को महत्व दिया जाने लगा है। बड़े-बड़े दिग्गज पत्रकार भी गावों के जागरुक लोगों से अपना संपर्क बनाए रखने का प्रयास करते हैं। अखबारों के संपादक और समाचार संपादकों का प्रयास होता है कि ग्रामीण क्षेत्रों में उनके संवाददाता हों और वहां की खबरें नियमित रूप से भेजें। उन्हें पता होता है कि ग्रामीण पत्रकार ज्यादातर रूटिन अथवा सूचनात्मक खबरें भेजेंगे। लेकिन यह भी पता होता है कि उन्हीं सूचनाओं के अंदर बड़ी खबरों के बीज अथवा अंकुर भी होंगे। गावों में खबरों का भंडार होता है। इसीलिए पत्रकार समय-समय गांवों का दौरा भी करते रहते हैं।

हालांकि पत्रकारों को एक बड़ा हिस्सा दूरस्थ गावों में जाने से कतराता है। उसे शहर की आबो-हवा ही रास आती है। निश्चित रूप में गावों में वह सुविधाएं नहीं मिलतीं जो शहरों में उपलब्ध हैं। लेकिन अपनी लेखनी के जरिए आपने यदि किसी गांव की एक भी समस्या हल करा दी तो गांव समाज के लोग जो आदर सत्कार करेंगे वह शहर वाले कभी नहीं कर सकते। ग्रामीण मामलों पर लिखने का एक बार अगर चस्का लग गया तो वह सिलसिला कभी थम नहीं सकेगा क्योंकि लिखने के लिए इतने दिलचस्प विषय मिलेंगे कि कलम की स्याही खत्म हो जाएगी विषय खत्म नहीं होंगे।

गांव में सामाजिक सरोकारों से जुड़े ऐसे समाचार होते हैं जो पढ़ने वालों को नया अनुभव देते हैं। पत्रकार और अखबार को नई ऊंचाइयां प्रदान करते हैं। गांवों में तरह-तरह की सरकारी योजनाएं चलती रहती हैं उनसे गांवों में बदलाव भी आता है और उनके साथ दलालों और भ्रष्टाचार की गाथाएं भी बनती चलती हैं। उनके उजागर होने से गांव का भला तो होता ही है शहरी पाठकों को भी ऐसी खबरें नया अनुभव देती हैं। अगर इन योजनाओं पर पत्रकारों की पैनी नजर रहे तो लाभुकों को योजना का अधिकतम लाभ मिलेगा। जब योजना को क्रियान्वित करने वालों को यह अहसास होगा कि उनपर मीडिया की नजर है तो वे सतर्क रहकर काम करेंगे और गड़बड़ी करने से बचेंगे।

गांवों में शहरीकरण की प्रक्रिया किस रूप में चल रही है। इसके कारण ग्रामीण समाज के रहन-सहन, सोच विचार में आने वाले बदलावों की रिपोर्ट भी दिलचस्पी का विषय होगी। यह बदलाव खान पान, पहनावे, सामाजिक सम्बंधों, युवा वर्ग की सोच, दकियानूसी विचारों से मोहभंग, अंधविश्वास से मुक्ति आदि कई रूपों में परिलक्षित हो सकती है। आधुनिकता के प्रवाह के साथ उसका पुराने सामाजिक सांस्कृतिक मूल्यों के साथ टकराव भी स्वाभाविक रूप से होगा। इस टकराव का अध्ययन करना दिलचस्प होगा। पर्यावरण प्रदूषण के प्रति जागरुकता की ग्रामीण समाज में स्थिति का आकलन किया जा सकता है। जागरुकता का स्तर बढ़ाने का अभियान चलाया जा सकता है। आज गांव के नदी नाले, तालाब पोखर और चरागाह भी प्रदूषण की चपेट में हैं। इस समस्या पर सरकार और ग्रामीण समाज का ध्यान आकृष्ट करने की जिम्मेवारी भी मीडिया की है।

गांव के बुजुर्गों के पास लोकगीत, संगीत, लोककथा का अनूठा खजाना हैं। महिलाओं के पास रीति-रिवाज और उनसे जुड़े लोकगीतों का भंडार है। नई पीढ़ी आधुनिकता की होड़ में शामिल है। उसकी इन चीजों में खास दिलचस्पी नहीं है। उसकी दिलचस्पी शहरी चीजों में है। वह सोशल मीडिया और इंटरनेट की दुनिया में रमे रहना पसंद करता है। इतना निश्चित है कि लोक संस्कृति का यह बहुमूल्य खजाना पुरानी पीढ़ी के साथ ही विस्मृति के अंधेरे में गुम हो जाएगा। उसे लिपिबद्ध कर आनेवाली पीढ़ियों के लिए संजो कर रखना भी भी लेखकों और पत्रकारों की जिम्मेवारी है। इनसे अखबारों के लिए रोचक सामग्री तैयार की जा सकती है। ग्रामीण पत्रकार यह काम बखूबी कर सकते हैं। मीडिया संस्थानों को इन विषयों पर काम करने के लिए प्रोत्साहित करना चाहिए। गांवों में प्रचलित मुहावरे और लोकोक्तियां समाचार लेखन को और पठनीय बना सकती हैं । ग्रामीण रिपोर्टिंग शहरी रिपोर्टिंग से

कहीं अधिक दिलचस्प होती है यदि उनकी प्रस्तुति ढंग से की जाए पाठकों को ज्यादा रुचिकर लगेंगी।

गावों से संबंधित रिपोर्ट में निष्पक्षता और तटस्थता पर विशेष ध्यान देने की जरूरत होती है। वहां छोटे-छोटे कई गुट होते हैं। हर गुट दूसरे गुट को नीचा दिखाने की कोशिश करता है। वह इस के लिए पत्रकार के कंधे का इस्तेमाल कर सकता है। हालांकि यह थोड़ा मुश्किल हो सकता है लेकिन ऐसे मामलों में सभी संबंधित पक्षों की राय ले ली जानी चाहिए ताकि किसी को शिकायत न रहे कि उनकी बात नहीं सुनी गई। आवश्यकता पड़ने पर सूचना के अधिकार का उपयोग किया जाना चाहिए लेकिन रिपोर्ट संतुलित होनी चाहिए। ताकि किसी को उंगली उठाने का मौका नहीं मिले।

खेत खलिहान से जुड़ी खबरें ग्रामीण पत्रकारिता की प्राणवायु का काम करती हैं। कृषि पत्रकारिता ग्रामीण पत्रकारिता का एक अहम हिस्सा है। अखबारों में भी कृषि पत्रकारिता पर ध्यान दिया जाने लगा है। पत्रकारिता के माध्यम से किसानों को कृषि से जुड़ी महत्वपूर्ण जानकारियां देने का काम किया जा रहा है। कृषि वैज्ञानिक तरह-तरह के तकनीक का विकास करते रहते हैं। महत्वपूर्ण खोज करते रहते हैं। सरकार की ओर से भी किसानों को नए बीज, खाद और खर पतवार नाशक की जानकारी समय समय पर दी जाती रहती है लेकिन किसानों तक यह जानकारियां सही समय पर नहीं पहुंच पातीं। इसमें पत्रकार किसान की मदद कर सकते हैं। किस उर्वरक का अधिक प्रयोग हानि कारक हो सकता है यह बतला सकते हैं। 90 के दशक में आज, हिंदुस्तान आदि कृषि से संबंधित विशेष साप्ताहिक फीचर पृष्ठ प्रकाशित करते थे जिसमें कृषि विश्वविद्यालयों के प्राध्यापक और कृषि वैज्ञानिकों के लेख प्रकाशित होते थे। किसानों के लिए प्रश्नोत्तरी का कॉलम भी होता था। लेकिन बाद में यह सिलसिला बंद हो गया। कृषि पर केंद्रित कई सरकारी, गैर सरकारी पत्रिकाएं प्रकाशित होती हैं। कई वेबसाइट्स और पोर्टल भी मौजूद हैं। केंद्र सरकार ने एक किसान चैनल भी आरंभ किया है। इसके जरिए भी किसानों को आवश्यक जानकारियां मिलती हैं। इस तरह कृषि पत्रकारिता को तेजी से विकास हो रहा है। फिर भी इस दिशा में पत्रकारों को और सक्रिय होने की जरूरत है।

खेतीबाड़ी से सम्बंधित ग्रह नक्षत्रों की चाल, मौसम की भविष्यवाणी और हवाओं के रुख के बारे में घाघ आदि कवियों की अनेक कविताएं और उक्तियां गांवों में प्रचलित हैं मगर अब ये धीरे-धीरे लुप्त हो रही हैं जबकि आज भी मौसम विभाग की भविष्यवाणी के मुकाबले ये लोकोक्तियां अधिक सटीक बैठती हैं। कृषि से जुड़े पत्रकार इन सब की जानकारी रखेंगे और इनका

उपयोग करेंगे तो किसान और समाज दोनों के हित में होगा। पशु पक्षी भी मौसम की भविष्यवाणी अपने क्रिया कलापों से करते हैं जानकार लोग इनके आधार पर किसानों को सलाह भी देते हैं। खेती किसानी से जुड़े पत्रकार अगर समय-समय पर ऐसी जानकारियों पर प्रकाश डालते रहें तो यह भी किसानों के हित में होगा। अंधविश्वास या टोटके कह कर इन बातों को नकारा नहीं जा सकता।

आज किसान के लिए बहुराष्ट्रीय कंपनियां नए नए बीज ले कर आ रही हैं जो उत्पादन बढाने में महत्वपूर्ण योगदान तो करते हैं मगर उन के बारे में कई प्रकार की अन्य बातें भी सुनने को मिलती हैं। उदाहरण स्वरूप बीटी कपास और बीटी बैंगन के बारे में कहा जा रहा है कि ये स्वास्थ्य के लिए हानिकारक हैं। अब इस माहौल मे कृषि से जुड़े पत्रकार का यह दायित्व हो जाता है कि वह अध्ययन कर सही स्थिति किसान और समाज के सामने लाए।

महानगरों के हिंदी और अंग्रेजी के बड़े अखबारों में एक पत्रकार ऐसा भी रखने का चलन है जो खेती किसानी के बारे में विशेष योग्यता रखता हो। समय समय पर इनकी रिपोर्ट अखबारों में छपती रहती हैं। इस प्रकार के समाचार न केवल किसान या गांव के लोग पढ़ते हें बल्कि शहरी पाठक और अन्य पत्रकार भी ऐसे समाचारों का अध्ययन कर अपनी जानकारी में इजाफा करते देखे गए हैं। पत्रकारों के लिए खेती किसानी की रिपोर्टिंग में प्र्याप्त अवसर हैं बशर्ते कि इनका लाभ उठाया जाए।

विशेषज्ञता के संभावित क्षेत्र

जिस तरह शहरी क्षेत्रों की पत्रकारिता में राजनीति, अर्थ-वाणिज्य, कार्यपालिका, विधायिका, न्यायपालिका, शिक्षा, स्वास्थ्य आदि विशेषज्ञ पत्रकारिता के क्षेत्र हैं उसी तरह ग्रामीण पत्रकारिता में भी विशेषज्ञता हासिल करने की संभावना है। मसलन, कृषि पत्रकारिताः इसके तहत खेतीबाड़ी से संबंधित गतिविधियों, समस्याओं, स्थितियों, उत्पादकता, विपणन आदि का तुलनात्मक अध्ययन और उनसे संबंधित रिपोर्ट तैयार करना। कृषि आधारित वृहत, मध्यम, लघु और कुटीर उद्योगों की स्थिति, पशुपालन, पारंपरिक व्यवसायों आदि पर नजर रखना। मीडिया के माध्यम से उनकी जानकारी देना। बेहतरी के उपायों पर ध्यान आकृष्ट कराना। कृषि विभाग के अधिकारियों से आंकड़े जुटाना आदि। सामाजिक,सांस्कृतिक पत्रकारिताः इसके तहत गांव-समाज की रूपरेखा, जातीय और आर्थिक आधार पर आबादी का वर्गीकरण। रीति-रिवाज, परंपराएं,

लोक संस्कृति, लोक आस्था, लोककलाओं, लोकगीतों और लोककथाओं का संग्रह, विभिन्न जातीय समुदायों के अंतर्संबंध, गांव के इतिहास, महत्वपूर्ण स्थल आदि का अध्ययन, और लेखन।

पर्यटन पत्रकारिताः इसके तहत पर्यटन की स्थिति, विकास की संभावनाओं की पड़ताल करना। उनसे देश दुनिया के लोगों को अवगत कराना। पर्यटन के लिए आधारभूत संरचना के विकास की ओर सरकार का ध्यान आकृष्ट कराना। पर्यटन आकर्षण का केंद्र बन सकने वाले स्थलों का मीडिया के माध्यम से नियमित रूप से प्रचार-प्रसार करना। पर्यटकों को बेहतर से बेहतर सुविधा प्रदान कराने का प्रयास करना। ग्रामीणों को उनके प्रति सहयोगात्मक व्यवहार की प्रेरणा देना आदि। एक पर्यटन विशेषज्ञ पत्रकार अपने गांव को खुशहाल बनाने का माहौल बना सकता है उसका कायाकल्प कर सकता है।

असीम संभावनों के द्वार

शहरीकरण की तेज़ प्रक्रिया के बावजूद भारत में अभी भी 70% आबादी ग्रामीण इलाक़ों में रहती है और पूरी तरह कृषि क्षेत्र पर निर्भर है। देश की इस बड़ी आबादी को खुशहाल और शक्तिसंपन्न बनाने में पत्रकारिता की निर्णायक भूमिका हो सकती है। लेकिन अभी तक मुख्य धारा की पत्रकारिता का ध्यान सत्ता के गलियारे में चल रही उठापठक वाली राजनीति और कार्पोरेट जगत की हलचलों की ओर लगा रहता है। इसका आम जनता से कोई सीधा सरोकार नहीं होता। रोजमर्रे के जीवन में इससे कोई बदलाव नहीं आता। आम लोगों के जीवन-स्तर में बेहतरी लाने से कोई सरोकार नहीं होता। ग्रामीण क्षेत्रों की ख़बरें मुख्यधारा के मीडिया में तभी स्थान पाती हैं जब केदारनाथ जैसी कोई भयानक प्राकृतिक आपदा हो अथवा नरसंहार की कोई बड़ी लोमहर्षक घटना। जबतक उनमें टीआरपी और पाठक संख्या में बढ़ोत्तरी की गुंजाइश होती है उसके विभिन्न पहलुओं की चर्चा होती है। ऐसे मौकों पर बड़े राजनेताओं के दौरों की कवरेज के लिए मीडिया संस्थानों में होड़ मच जाती है। तब ग्रामीण क्षेत्रों की ख़बरों को प्रमुखता से स्थान मिल पाता है। लेकिन जब मामला तरह ठंडा हो जाता है। इसमें लोगों की दिलचस्पी कम होने लगती है तब मीडिया का इससे मतलब नहीं रहता कि उस ग्रामीण इलाके की जनता की मूलभूत समस्याओं के स्थायी निदान की कोई पहल की गई अथवा नहीं।

हाल ही में सूचना का अधिकार अधिनियम, 2005 के जरिए नागरिकों को सूचना के अधिकार से लैस करके उन्हें शक्ति-संपन्न बनाने का प्रयास

किया गया। अब उसमें संशोधन कर से कमजोर करने का प्रयास किया जा रहा है। लेकिन मुख्य धारा के मीडिया की भूमिका जनता के इस अधिकार की रक्षा की ओर कम और सरकार के पक्ष का औचित्य सिद्ध करने की ओर ज्यादा दिखाई दे रहा है। मीडिया जनता की आवाज़ बनने की जगह सरकार के प्रवक्ता की भूमिका में नज़र आ रहा है। आम जनता अपने दैनिक जीवन के संघर्षों और रोजी-रोटी का जुगाड़ करने में ही इस क़दर उलझी रहती है कि उसे संविधान और कानून द्वारा प्रदत्त अधिकारों का लाभ उठाने के बारे में सोचने का मौका ही नहीं मिल पाता।

टी.वी. चैनलों और बड़े अख़बारों की समस्या यह है कि वे ग्रामीण क्षेत्रों में अपने संवाददाताओं और छायाकारों को स्थाई रूप से नियुक्त नहीं करते। प्रशिक्षित पत्रकार ग्रामीण पत्रकारिता को अपनी विशेषज्ञता का क्षेत्र बनाने से परहेज़ करते हैं। वे ग्रामीण इलाक़ों कार्य करने की जगह शहरों के चकाचौंध में रहना पसंद करते हैं। बड़े अखबारों में ग्रामीण पत्रकारिता करते भी हैं तो जिला अथवा अनुमंडल में रहकर अंशकालिक रूप से काम करने वाले अप्रशिक्षित पत्रकार। छोटे और मंझोले संस्थान गावों के संवाददाताओं की खबरों को महत्व देते हैं लेकिन उनकी मेहनत का समुचित पारिश्रमिक नहीं दे पाते। बड़े संस्थान तो उनकी अधिकांश खबरों को तर्जीह ही नहीं देते।

राज्य अथवा केंद्र की सरकारें ग्रामीण जनता के वोट से ही बनती हैं। चुनाव के समय उम्मीदवारों का ज्यादा समय ग्रामीण वोटरों को साधने में व्यतीत होता है। राजनीति के केंद्र में वही होते हैं। देश की अर्थव्यवस्था में सबसे अधिक योगदान भी उन्हीं का होता है लेकिन बड़े मीडिया घरानों का उनके सामाजिक आर्थिक मामलों से कुछ खास लेना देना नहीं रहता। वे नेताओं, अभिनेताओं और बड़े खिलाड़ियों के पीछे भागते रहते हैं। गांवों की जनता से उसका विशेष लगाव नहीं रहता। मुख्यमंत्री अथवा अन्य मंत्रियों के दौरे के समय वे जरूर सक्रिय रहते हैं।

पत्रकारिता की मुख्य भूमिका जनता और सरकार के बीच संवाद कायम करनी होती है। जन समस्याओं की ओर सरकार का ध्यान आकृष्ट कराना और उनके समाधान का मार्ग प्रशस्त करना होता है। व्यक्ति और समाज के बीच, गांव और शहर की बीच, देश और दुनिया के बीच, उपभोक्ता और बाजार के बीच सेतु का काम करना होता है। यदि यह अपनी भूमिका सही मायने में निभाए तो हमारे देश की तस्वीर बदल सकती है।

सरकार जनता के हितों के लिए तमाम कार्यक्रम बनाती है। नीतियां तैयार करती है। कानून बनाती है, योजनाएं शुरू करती है। सड़क, बिजली, स्कूल,

अस्पताल, सामुदायिक भवन आदि जैसी आधारभूत संरचनाओं के विकास के लिए राशि उपलब्ध कराती है। लेकिन उनका लाभ कैसे उठाना है, इसके प्रति प्रायः ग्रामीण जनता सजग नहीं होती। इसलिए अधिकारियों को विकास योजनाओं की राशि में हेराफेरी का मौका मिल जाता है। ग्रामीणों के बीच उनके दलाल सक्रिय होते हैं जो भ्रष्टाचार में उनके मददगार और भागीदार बन जाते हैं। जन-प्रतिनिधियों का ग्रामीण क्षेत्रों के प्रति प्रेम चुनाव के समय उमड़ता है चुनाव जीतने के बाद उन्हें जनता से कोई खास मतलब नहीं रहता। गावों का दलाल तबका नोट के बदले वोट का जुगाड़ करने में उनके काम आता है। दलालों, अधिकारियों और जन प्रतिनिधियों के गठबंधन का पर्दाफाश करना पत्रकारों का कर्तव्य होता है लेकिन इस कर्तव्य का निर्वहन जोखिम भरा और जटिल होता है। स्थानीय पत्रकार अक्सर इस गंठजोड़ का हिस्सा बन जाते हैं। अखबार के संपादकों को तमाम चीजों की जानकारी होती है लेकिन चूंकि वे ग्रामीण पत्रकारों को उनका सही पारिश्रमिक नहीं दे पाते इसलिए जबतक पानी सर के ऊपर न चला जाए, वे आंख मूंदे रहते हैं। वैसे भी पत्रकारिता आज की तारीख में व्यवसाय में बदल चुकी है इसके अंदर से मिशन का भाव काफी हद तक तिरोहित हो चुका है। ग्रामीण पत्रकारों से अपेक्षा की जाती है कि वे खास अवसरों पर विज्ञापन भी ले आएं। इसलिए भी उनके बहुत से कारनामों को नज़र अंदाज कर देते हैं। जन प्रतिनिधियों को अपने चुनावी वायदे फिर अगले चुनाव में ही याद आते हैं। तबतक जनता भी उन्हें भूल जाती है। वोट लेने की तकनीक और कला नेताओं को आती है। जाति, धर्म, क्षेत्र आदि कितने ही भावनात्मक मुद्दे हैं जो कारगर सिद्ध होते हैं।

पत्रकारिता आम तौर पर नकारात्मक विधा मानी जाती है लेकिन ग्रामीण पत्रकारिता में सकारात्मक और स्वस्थ पत्रकारिता की विपुल संभावनाएं हैं। भूमण्डलीकरण और सूचना-क्रांति ने जहां पूरे विश्व को एक गांव में तब्दील कर दिया है, वहीं ग्रामीण पत्रकारिता गांवों को वैश्विक परिदृश्य पर स्थापित कर सकती है। गांवों में भारत की प्राचीन संस्कृति, पारंपरिक ज्ञान की विरासत, कला और शिल्प की निपुण कारीगरी आज भी जीवित है। उसे राष्ट्रीय और अंतर्राष्ट्रीय पटल पर लाने का काम ग्रामीण पत्रकार कर सकते हैं। बहुराष्ट्रीय कंपनियां ग्रामीण उपभोक्ताओं के बीच अपनी पैठ जमा रही हैं। ग्रामीण पत्रकार गांवों की हस्तकला की ओर उनका ध्यान आकृष्ट कर सकते हैं। इससे ग्राम्य स्तर पर निर्मित होने वाले उत्पादों को विश्व बाजार तक पहुंचाने का मार्ग प्रशस्त हो सकता है। लिहाजा ग्रामीण पत्रकारिता यदि सृजनकारी भूमिका अपनाए तो अनन्त संभावनाओं के विकास का सूत्रधार बन सकती है।

संभावनाओं के द्वार

ग्रामीण क्षेत्रों में दिलचस्प खबरों का खजाना है। कई विषय तो अनूठे और अभी तक अछूते हैं। गांवों में रहकर पत्रकारिता करने वालें के लिए संभावनाओं के इतने द्वार खुले हैं कि एक जीवन में अगर एक विषय पर भी गंभीरता से काम कर लें एक जीवन कम पड़ जाएगा।

विकास

केंद्र और राज्य सरकारें ग्राणीण विकास के लिए दर्जनों योजनाएं चला रही हैं। इनके मद में खासा आवंटन आ रहा है। सरकारी अधिकारी, भ्रष्ट ठेकेदार और स्थानीय दलालों का त्रिगुट विकास योजनाओं की राशि की लूट के चक्कर में रहता है। इस तरह की गतिविधियों पर नज़र रखने के लिए भ्रष्टाचार निरोधक विभाग है लेकिन ग्रामीण इलाकों की तरफ उनकी पैनी नज़र नहीं रह पाती। लुटेरों का तंत्र इसका लाभ उठाने के फिराक में रहता हैं। ग्रामीण पत्रकारों को इस बात का ध्यान रखना चाहिए कि विकास योजनाओं का क्रियान्वयन सही ढंग से हो रहा है अथवा नहीं। उसमें किसी तरह की घपलेबाजी नज़र आए तो उसे उजागर करना चाहिए। कुछ समय पहले उत्तर प्रदेश के 12 मुखियों पर शौचालय के मद की राशि में घपले की जांच चली। एक मुखिया पुलिस हिरासत में गया। शेष फरार रहे। इस तरह के घपले होते रहते हैं। सरकार तक ऐसे मामले देर से पहुंचते हैं। अधिकांश मामले तो पहुंच ही नहीं पाते। इनकी ओर संबंधित विभागों और सरकार का ध्यान आकृष्ट करना पत्रकारिता की अहम जिम्मेवारी है। निश्चित रूप से इसमें जोखिम है। भ्रष्टाचार का तंत्र काफी मजबूत है। वह अपने कारनामों पर पर्दा डालने के लिए किसी भी हद तक जा सकता है। लेकिन यह जोखिम पत्रकार और सामाजिक कार्यकर्ताओं को उठाना ही होगा। यदि वे जनता के पक्ष में खड़े होंगे तो भ्रष्टतंत्र को उनपर हाथ डालने के पहले बहुत कुछ सोचना पड़ेगा।

सांस्कृतिक धरोहर

आप अपने गांव और उसके आसपास के इलाकों पर नज़र दौड़ाएं तो बहुत से सांस्कृतिक धरोहर देखने में सामान्य होते हैं लेकिन उनके अंदर कुछ ऐसी विशिष्टताएं होती हैं जो राष्ट्रीय और अंतर्राष्ट्रीय स्तर पर महत्व रखती हैं।

झारखंड में तो ऐसे स्थलों की भरमार है। सिर्फ उन्हें पहचानने और वैश्विक स्तर पर उनकी जानकारी पहुंचाने की जरूरत है। झारखंड की नदियों के किनारे, जंगलों-पहाड़ों में ऐसे स्थलों की भरमार है। दामोदर नदी के किनारे कई स्थलों पर दह नामक स्थल हैं। मसलन भंडारदह, कामिनदह आदि। कहते हैं कि इनके अंदर सात खाट की रस्सियों के बराबर पानी हुआ करता था। अब उनके अंदर गाद भर गया है और उतनी गहराई शेष नहीं बची है। यह मानवीय उपेक्षा के कारण हुआ है। लेकिन दरअसल यह प्राकृतिक जलाशय थे जिनमें संकटकाल के लिए जल सुरक्षित रहता था। जब अनावृष्टि अथवा सूखे के कारण नदी का पानी सूख जाता था तो इन दहों के अंदर सुरक्षित जलराशि मानव और जीव-जंतुओं के काम आती थी। स्थानीय लोगों के बीच इनसे संबंधित बहुत सारी किंवदंतियां प्रचलित हैं लेकिन इनके वास्तविक महत्व के बारे में अधिकांश लोग नहीं जानते। सात खाट की रस्सी के बराबर जलराशि कितनी होगी इसकी कल्पना ही की जा सकती है। पत्रकार बंधु यदि इनके महत्व को समझे तो इनकी सफाई कराकर उनके प्राकृतिक स्वरूप को वापस लाने के लिए सरकार को प्रेरित कर सकते हैं। सफाई हो और उन्हें उनकी वास्तविक गहराई मिले तो बरसात के मौसम में जब नदियां उफान पर होती हैं उस समय इनके अंदर कितना जल संरक्षित हो जाएगा अंदाजा लगाया जा सकता है। ऐसे दह झारखंड की लगभग सभी नदियों के किनारे मौजूद हैं जिनका कभी बारीकी से अध्ययन नहीं किया गया है।

झारखंड में आदिवासियों की 32 जातियां रहती हैं। सभी की अपनी सांस्कृतिक विशिष्टताएं, रीति-रिवाज और परंपराएं हैं। उनपर अकादमिक तौर पर काफी कुछ लिखा जा चुका है। लेकिन समाचार माध्यमों में उनकी जानकारी प्रचारित-प्रसारित करने का कोई गंभीर प्रयास दिखाई नहीं देता।

ग्रामीण पर्यटन और पत्रकारिता

यदि पर्यटन विभाग के साथ पत्रकारों का समन्वित प्रयास हो तो जनजातीय संस्कृति में दिलचस्पी रखने वाले देशी-विदेशी पर्यटकों का ध्यान उनकी ओर आकर्षित हो सकता है। प्रायः देखा गया है कि ग्रामीण क्षेत्रों में ही अधिकांश राष्ट्रीय-अंतर्राष्ट्रीय महत्व के सांस्कृतिक धरोहर होते हैं। चाहे हम वाराणसी के सारनाथ की बात करें, पटना के कुंभरार की बात करें, हजारीबाग के इस्को की बात करें, पारसनाथ की बात करें या मलूटी की। ये सब के सब मुख्य शहर से दूर ग्रामीण अंचलों में हैं। 90 के दशक के पहले कोई जानता भी नहीं था कि हजारीबाग के बड़कागांव में इस्को पहाड़ पर मानव सभ्यता के विकास के कई चरणों के पुरातात्विक धरोहर असुरक्षित अवस्था में पड़े हैं और यह विश्व का एकमात्र पुरातात्विक स्थल है जहां से मानव को कभी पलायन करने की जरूरत नहीं पड़ी। पूर्व पाषाणकाल से वर्तमान समय तक। हजारीबाग के बुलु इमाम ने उसकी खोज की। अध्ययन किया और पटना स्थित भारतीय पुरातत्व सर्वेक्षण विभाग के अधिकारियों का इसकी ओर ध्यान आकृष्ट कराया। विभाग की टीम आई। सर्वेक्षण किया और से पुरातात्विक स्थल के रूप में संरक्षित कर दिया। लेकिन इस अद्भुत पुरातात्विक स्थल की जानकारी व्यापक जन समुदाय तक नहीं पहुंच सकी। इसे एक बेहतरीन पर्यटन स्थल के रूप में विकसित किया जा सकता है लेकिन अभी तक यह संभव नहीं हो पाया। यहां जागरुक पत्रकारों की जरूरत है। वे मीडिया के विभिन्न स्रोतों के जरिए इसकी जानकारी देश-विदेश के लोगों तक पहुंचा सकते हैं। सरकार पर वहां आधारभूत सुविधाओं में बढ़ोत्तरी कर पर्यटन आकर्षण के केंद्र के रूप में विकसित करने की ओर ध्यान आकृष्ट करा सकते हैं। यदि एक मुहिम के

तहत उन्होंने ऐसे एक स्थल का विकास कराने में सफलता पाई तो रोजगार का सृजन होगा और क्षेत्र में खुशहाली आएगी। यह ग्रामीण पत्रकारिता की बड़ी उपलब्धि होगी।

देश के कम ही लोगों को पता है कि जीटी रोड में बगोदर के पास एक सूरज कुंड है जो एशिया का सबसे गर्म कुंड है। लोग राजगीर के गर्म कुंड से जितना अवगत हैं उतना सूरजकुंड से नहीं। झारखंड में ही कम ही लोग जानते हैं कि बोकारो जिले के बेरमो कोयलांचल में दामोदर नदी के किनारे एक चट्टान बिल्कुल हाथी की आकृति का है जिसे हथिया पत्थर कहते हैं। उसके पास एक नगाड़ा पत्थर जहां दो चट्टानें एक दूसरे के ऊपर इस तरह रखी हुई हैं कि देखने पर लगाता है कभी भी ऊपर की चट्टान लुढ़क पड़ेगी। लेकिन वह सदियों से इसी अवस्था में है। उसे हिलाने पर नगाड़े की आवाज़ आती है। वहां मकर संक्रांति के मौके पर मेला लगता है। पूजा भी होती है। स्थानीय लोगों के लिए यह दिलचस्प मगर सामान्य बात है। लेकिन यदि विदेशी पर्यटकों को ऐसी जगह के बारे में पता चले तो वे निश्चित रूप से इसे देखना चाहेंगे। पर्यटन विभाग उसे इको पर्यटन की श्रेणी में दर्ज कर सकता है। इस तरह के काम ग्रामीण पत्रकारों की पहल से ही आकार ले सकते हैं। ऐसे स्थलों को देश-दुनिया और सरकार के संज्ञान में लाने के लिए पर्यटन पत्रकारिता में विशेष रुचि, दक्षता और प्रतिबद्धता की जरूरत पड़ेगी। यह ग्रामीण पत्रकारिता की एक अलग शाखा हो सकती है। झारखंड में ऐसी प्राकृतिक और सांस्कृतिक धरोहरों की भरमार है।

चाहे प्रेम के मुगलकालीन प्रतीक ताजमहल की बात हो अथवा दक्षिण भारत के मंदिरों और राजस्थान के भव्य किलों जैसे देशभर में फैले स्मारकों की उनमें अधिकांश ग्रामीण और पिछड़े हुए क्षेत्रों में ही हैं। इसी तरह बर्फ से ढकी हिमालय की चोटियां, घने जंगल, सुनहरे तट और रेतीले मरुस्थल लंबे समय से पर्यटकों को आकर्षित करते रहे हैं। चिकित्सा, आरोग्य और गोल्फ जैसे खेलों के लिए यात्रा करने वाले पर्यटकों के लिए भी भारत के पास बहुत कुछ है।

हाल के वर्षों में देश-विदेश के अंदर पर्यटन के प्रति रूझान बढ़ा है। भारत ही नहीं, पूरी दुनिया में पर्यटन उद्योग का विस्तार हुआ है। लोगों की क्रयशक्ति बढ़ी है और यात्रा के तेज तथा सस्ते साधनों में बढ़ोत्तरी हुई है। पर्यटकों की संख्या में निरंतर बढ़ोत्तरी हुई है। तेज़-रफ्तार जीवन की जटिलताओं के बीच लोगों में फुर्सत के क्षणों का आनंद उठाने की प्रवृत्ति बढ़ी है। उनमें ऐसे लोग भी शामिल हैं जो नई-नई बातें जानने-समझने और विभिन्न

प्रकार की संस्कृतियों, खान-पान के तौर-तरीकों, परंपराओं को समझने के लिए सैर-सपाटे पर निकलते हैं। इस तरह की यात्राओं को अनुभवमूलक सांस्कृतिक पर्यटन कहते हैं।

सूचना क्रांति के इस युग में पर्यटक यात्रा पर निकलने से पहले पूरी जांच-पड़ताल कर लेते हैं। इंटरनेट पर मौजूद सूचनाएं एकत्र कर लेते हैं। इसके बाद ही दूर-दराज की अनजान जगहों की यात्राओं पर निकलते हैं। ताकि उनकी यात्रा में रोमांच का अनुभव हो। उनकी मदद और यात्रा के प्रबंधन के लिए दुनिया के लगभग हर शहर में ट्रेवल एजेंसियां हैं जो पर्यटक के बजट और रुचि के मुताबिक पूरी यात्रा का खाका और संभावित बजट तैयार कर देती हैं। पर्यटक को किन वाहनों से किन जगहों पर जाना है। कहां ठहरना है। गंतव्य तक पहुंचने पर उनका मार्गदर्शन कौन सा व्यक्ति अथवा कौन सी एजेंसी करेगी। सारा कुछ पूर्व निर्धारित रहता है। अब पर्यटक ज्यादा जागरुक और ज्यादा जिम्मेदार हो गये हैं। वे जिस जगह की यात्रा पर निकलते हैं सिर्फ वहां के पर्यटन मानचित्र में उल्लेखित जगहों की सैर नही करते बल्कि वहां के जन समुदाय के साथ अनुभवों और विचारों का आदान-प्रदान भी करना चाहते हैं। वे मेजबान समुदाय से मिलकर उसके साथ संवाद स्थापित करना चाहते हैं ताकि उस क्षेत्र को समझ सकें। उसके विकास में कुछ भागीदारी निभा सकें। वे अर्थपूर्ण यात्राएं करना चाहते हैं। महानगरों में उनकी दिलचस्पी कम होती है क्योंकि वे महानगरीय जीवन से ऊबकर उससे थोड़ी राहत की चाहत में ही यात्रा पर निकलते हैं। कोलाहल से निकलकर कोलाहल में जाने की जगह वे गावों के शांत माहौल में जाना पसंद करते हैं जहां तनावरहित होकर जीवन का आनंद ले सकें। नए अनुभव प्राप्त कर सकें। ग्रामीण पत्रकार पढ़े-लिखे और जागरुक होने के नाते इसमें अहम भागीदारी निभा सकते हैं। वे अपने इलाके की विशिष्टताओं की उन्हें बेहतर ढंग से जानकारी दे सकते हैं। उनसे साक्षात्कार करा सकते हैं।

पर्यटकों को पता होता है कि भारत विविधताओं से भरा देश है। इस देश की आत्मा गावों में निवास करती है। यहां हर दस कोस पर भाषा बदल जाती है। रीति-रिवाज़ बदल जाते हैं। भारत का समाज सुगठित है। हमारी संस्कृति विश्व की प्राचीनतम संस्कृति है। मिश्र, यूनान, मेसोपोटानिया, हड़प्पा आदि भारत की समकालीन संस्कृतियां काल के गर्त में समा गईं। फिर भी भारतीय संस्कृति जीवित रही तो इसके कारण क्या रहे। पर्यटक इसे समझना चाहते हैं। हालांकि भारत की संस्कृति पर भी पश्चिमी सभ्यता का गहरा प्रभाव पड़ा है लेकिन इसका असर बड़े शहरों और महानगरों तक ही सीमित है। ग्रामीण

अंचलों में अभी भी भारतीय संस्कृति अपनी तमाम विशिष्टताओं के साथ सुरक्षित है। वैसे भी हमारे देश में पर्यटन स्थलों की कोई कमी नहीं है।

महात्मा गांधी का कहना था कि भारत गांवों में बसता है। भारत का ग्राम्य जीवन असली भारत' की तस्वीर प्रस्तुत करता है। हमारे गांव देश की संस्कृति और परम्पराओं का खजाना हैं। महानगरों की गहमा-गहमी से दूर गांवों में जीवन की गति अपेक्षाकृत सहज है जो जीवन के गहन अनुभवों के साथ मानव मन में नई स्फूर्ति का संचार करता है। हमारी अनोखी कलाओं और शिल्प के सिद्धहस्त कलाकार और दस्तकार गांवों में ही निवास करते हैं जो पीढ़ी दर पीढ़ी तमाम कलाओं व शिल्प को अपने मूल रूप में अब तक सहेज कर रखे हुए हैं। ये कलाएं व शिल्प शहरों में मुश्किल से ही दिखाई पड़ते हैं। ग्रामीण क्षेत्रों में रहने वाले अधिकांश लोग कृषक समाज के हैं। प्रायः उनकी आमदनी शहरी लोगों की तुलना में कम होती है। गांवों में पर्याप्त संख्या में रोजगार के अवसर उपलब्ध नहीं हैं। इसलिए बेहतर अवसरों की तलाश में उन्हें शहरों को पलायन खरना पड़ता है। इसके कारण गांवों की कुछ परंपरागत कलाएं और शिल्प धीरे-धीरे विलुप्त भी होते जा रहे हैं। लोकगीत और लोककथाओं को वाचिक परंपरा के तहत सहेजकर रखने वाली पीढ़ी भी अब धीरे-धीरे समाप्त होती जा रही है। उनकी विरासत को लिपिबद्ध कर संरक्षित करने की जिम्मेवारी भी ग्रामीण पत्रकारों को ही उठानी होगी। इस दिशा में काम तो हो रहा है लेकिन इसमें और लगन और गंभीरता की आवश्यकता है।

ग्रामीण पर्यटन के विकास में पत्रकारों की अहम भूमिका हो सकती है। वे पर्यटकों के लिए लोक संस्कृति के विलुप्त होते अवयवों को संजोकर रख सकते हैं। इस तरह के पर्यटन में रुचि रखने वाले देशी-विदेशी पर्यटक ग्रामीण जीवनशैली में सक्रिय भागीदारी निभाने का प्रयास करते हैं। वे किसी ग्रामीण स्थान तक पहुंचते हैं और गांव की दिन-प्रतिदिन की गतिविधियों से रू-ब-रू होते हुए वहां की जीवन शैली का प्रत्यक्ष अनुभव प्राप्त करते हैं। इससे उन्हें उस क्षेत्र की परंपराओं और संस्कृति को बेहतर ढंग से समझने का अवसर प्राप्त होता है। ग्रामीण पर्यटन में पर्यटक रात को गांव में ठहरता है। लोगों से बाचचीत करता है। इससे उसे गांव की अनोखी जीवनशैली से जीवंत साक्षात्कार होता है। इससे ग्रामीण समाज को भी लाभ होता है। खेती या कम कौशल वाले व्यवसायों पर निर्भर लोगों को पर्यटन उद्योग के जरिए अपनी आमदनी बढ़ाने का अवसर मिलता है। ग्रामीण पर्यटन से गांव के लोग मेहमानों की संस्कृति के संपर्क में आते हैं जिससे उनकी जानकारियों के दायरे का भी विस्तार होता है। इसके जरिए दो संस्कृतियों के बीच समन्वय भी होता

है। पर्यटक ग्रामीण संस्कृति से कुछ ग्रहण करता है तो ग्रामीण भी पर्यटक की संस्कृति की भी कुछ बातों को ग्रहण कर लेते हैं। ग्रामीण पर्यटन के कई मामलों में स्वैच्छिक सेवा का पुट भी रहता है और पर्यटक स्थानीय स्कूल में पढ़ाकर या खेती-बाड़ी में हाथ बंटाकर स्थानीय लोगों की मदद भी करते हैं। वे अपने प्रवास काल में ग्राम्य समाज में पूरी तरह घुल-मिल जाने का प्रयास करते हैं। खासतौर पर सामाजिक आयोजनों और पर्व त्योहार के मौके पर वे अधिकतम भागीदारी करने का प्रयास करते हैं ताकि उनकी वस्तुस्थिति और महत्ता को समझ सकें।

पर्यटकों को नये तरह का अनुभव दिलाने के लिहाज से पर्यटन मंत्रालय ने भी ग्रामीण पर्यटन को बहुत उपयोगी पाया है। इसके अलावा पर्यटन उत्पादों में विविधता लाने, ग्रामीण समुदाय की आमदनी बढ़ाने और लुप्त होती जा रही ग्रामीण कला विधाओं के संरक्षण में भी ग्रामीण पर्यटन से बड़ी मदद मिल रही है। संयुक्त राष्ट्र विकास कार्यक्रम की सहायता से 2003-04 में देशभर के 31 गांवों में परीक्षण परियोजना के तौर पर एंडोजीनस टूरिज्म प्रोजेक्ट यानी अन्तर्जात पर्यटन परियोजना शुरू की गई थी। इसके लिये गांवों का चयन सुस्थापित टूरिस्ट सर्किटों से उनकी निकटता और किसी अनोखी कला/शिल्प या संस्कृति की उपस्थिति को ध्यान में रखकर किया गया था ताकि उस जगह की विशिष्टता के रूप में बाजार में उसका लाभ उठाया जा सके। बाद में, संयुक्त राष्ट्र विकास कार्यक्रम के परियोजना से अलग हो जाने पर भी पर्यटन मंत्रालय ने इस परियोजना के लिए विभिन्न योजनओं के माध्यम से धन देना जारी रखा और उत्पाद अवसरंचना विकास तथा स्वदेश दर्शन कार्यक्रम के जरिये परियोजना चलती रही।

ग्रामीण पर्यटन मॉडल की कई गौरव गाथाएं सामने आई हैं और इसके अन्तर्गत कई परियोजनाएं आर्थिक दृष्टि से व्यावहारिक साबित हो रही हैं। इनमें से उल्लेखनीय हैं : गुजरात में होडका गांव में शाम-ए-सरहद परियोजना। शाम-ए-सरहद एक पर्यटक शिविर का नाम है जिसका निर्माण, स्वामित्व और प्रबंधन होडका समुदाय के पास है। पर्यटन जन समुदायों को अपने जीवन की गुणवत्ता में सुधार लाने में सक्षम बनाता है। ऐसा आजीविका के और अधिक विकल्प मिलने से होता है और साथ ही इससे स्थानीय समुदाय को अपनी अनोखी संस्कृति के विकास और संरक्षण का भी अवसर प्राप्त होता है।

कई अन्य राज्यों ने भी अब इस अवधारणा को अपना लिया है। ग्रामीण पर्यटन के मॉडल के विकास में केरल हमेशा अग्रणी रहा है और राज्य में 'उत्तरदायी पर्यटन' के वृहतर दायरे में ग्रामीण पर्यटन का विकास किया गया

है। केरल में कुमारकोम, वायनाड और अन्य स्थानों पर उत्तरदायी पर्यटन की पुरस्कृत परियोजनाएं एक अनोखे मॉडल के रूप में उभरकर सामने आई हैं। इनमें आगन्तुकों को ग्रामीण जीवन का आनंद प्राप्त करने का मौका मिलता है और पर्यटन से जुड़े स्थानीय लोग कथा सुनाने वाले सूत्रधार की भूमिका में रहते हैं। इससे गांव के लोगों में ग्रामीण जीवन के अपने तौर-तरीकों के बारे में गौरव की भावना पैदा होती है। यही भावना उन्हें अपने परंपरागत तौर-तरीकों पर कायम रहने और शहरी जीवनशैली की नकल करने से रोकती है।

सिक्किम में भी कई ग्रामीण समुदायों को सशक्त बनाकर होम स्टे यानी पर्यटकों को घर में ठहराने के कार्यक्रमों के जरिये पर्यटक उत्पादों का परंपरागत पर्यटन स्थलों से हटकर अन्य स्थानों पर भी सामान रूप से विस्तार करने का प्रयास किया गया है। इससे पर्यटन उत्पादों की क्षमता बढ़ाने में भी मदद मिली है। भारत के पहले ऑर्गेनिक राज्य के रूप में ख्याति अर्जित करने के बाद सिक्किम अपनी ग्रामीण पर्यटन क्षमताओं का भी भरपूर लाभ उठा रहा है। विकास के इस तरह के मॉडलों में समाज के सबसे निचले स्तर पर सामुदायिक भागीदारी होती है और हर एक व्यक्ति को समूची प्रक्रिया में बराबरी का अवसर मिलता है।

सरकारी प्रयासों की सफलता के बाद निजी क्षेत्र की तरफ से भी कुछ उल्लेखनीय पहल की गई है। समोद और मंडावा सहित राजस्थान में सार्वजनिक-निजी भागीदारी के मॉडल पर आधारित कुछ परियोजनाएं सामने आई हैं। इसी तरह महाराष्ट्र में गोवर्धन इको-विलेज भी उल्लेखनीय है जिसने पिछले साल नवसृजन के लिये संयुक्त राष्ट्र के विश्व पर्यटन संगठन का यूलीसीज पुरस्कार जीता। इस संगठन ने गांव को एक ऐसे समुदाय के रूप में विकसित किया है जिसका पर्यटकों के साथ एक-दूसरे पर आश्रित सहजीवी संबंध है। इसने सामुदायिक भागीदारी को बढ़ाया है और एक जमाने में पिछड़े हुए इस इलाके के लोगों की आमदनी और शिक्षा के स्तर को उन्नत बनाने में मदद की है।

इसलिये देशभर में ग्रामीण पर्यटन और ग्राम जीवन के अनुभव की अवधारणा के विकास के लिये पर्याप्त गुंजाइश है। फिर भी, इसमें कुछ चुनौतियां भी हैं और सबसे बड़ी चुनौती तो मार्केटिंग यानी विपणन की है। ग्रामीण समुदायों के पास स्वाभाविक रूप से उत्पादों की देश-विदेश में मार्केटिंग के लिए बहुत कम अवसर होते हैं। इसलिये विपणन का पर्याप्त आधारभूत ढांचा न होने से जो परियोजनाएं पारंपरिक पर्यटन सर्किट से जुड़ी नहीं हैं, वे बहुत अच्छा प्रदर्शन नहीं कर पायी हैं। पर्यटन मंत्रालय ने ग्रामीण

पर्यटन-स्थलों को अपनी वेबसाइट में प्रमुखता से स्थान देकर ग्रामीण पर्यटन के विपणन के प्रयासों में अपना योगदान किया है। केरल का ग्रामीण पर्यटन मिशन राज्य सरकार द्वारा किये जा रहे सफल विपणन प्रयासों का एक अच्छा उदाहरण है। टूर ऑपरेटरों को अन्ततः ग्रामीण पर्यटन स्थलों को संरक्षण देना ही होगा और उन्हें वित्तीय दृष्टि से सफल बनाने के लिए अपनी यात्रा-सूची में शामिल करना होगा। इसलिये घरेलू और अंतर्राष्ट्रीय दोनों ही स्तरों पर इस तरह के और प्रयास करने की आवश्यकता है।

रोजमर्रा की नीरस जिन्दगी से फुर्सत के कुछ क्षण हमेशा मूड बेहतर बनाने का काम करते हैं। आमतौर पर लोग इस फुर्सत का इस्तेमाल यात्राएं और नये स्थान खोजने के लिये करते हैं। परन्तु, लक्ष्य का चयन करने में समय और खर्च की महत्त्वपूर्ण भूमिका होती है। व्यस्त पर्यटक मौसम के दौरान परंपरागत पर्यटक स्थलों पर आमतौर पर भारी भीड़ होती है। आज अधिकतर समाज शहरीकृत हो चुका है। ऐसे में ग्रामीण पर्यटन शहरी आबादी के बीच निरंतर लोकप्रिय हो रहा है।

दुनिया की 50 प्रतिशत से अधिक आबादी शहरी क्षेत्रों में रह रही है। यह संभावना व्यक्त की जा रही है कि यह अनुपात 2050 तक बढ़कर 66 प्रतिशत पर पहुंच जायेगा। संयुक्त राष्ट्र डीईएसए की जनसंख्या डिवीजन द्वारा व्यक्त की गई 'विश्व शहरीकरण सम्भावनाएँ' (2014) के अनुसार शहरीकरण में सर्वाधिक बढ़ोत्तरी भारत, चीन और नाइजीरिया में होगी। वर्ष 2014 से 2050 के दौरान विश्व की शहरी आबादी में होने वाली अनुमानित वृद्धि में 37 प्रतिशत हिस्सेदारी इन तीन देशों की होगी। अनुमान है कि 2050 तक भारत में शहरी निवासियों में 40.4 करोड़, चीन में 29.2 करोड़ और नाइजीरिया में 21.2 करोड़ की बढ़ोत्तरी होगी। भारत सरकार ने ग्रामीण पर्यटन की परिभाषा में स्पष्ट किया है कि कोई भी ऐसा पर्यटन, जो ग्रामीण जीवन, कला, संस्कृति और ग्रामीण स्थलों की धरोहर को दर्शाता हो, जिससे स्थानीय समुदाय को आर्थिक और सामाजिक लाभ पहुंचता हो, साथ ही पर्यटकों और स्थानीय लोगों के बीच संवाद से पर्यटन अनुभव के अधिक समृद्ध बनने की संभावना हो, तो उसे 'ग्रामीण पर्यटन' कहा जा सकता है। ग्रामीण पर्यटन अनिवार्यतः एक ऐसी गतिविधि है, जो देश के देहाती इलाकों में संचालित होती है। यह बहु-आयामी है, जिसमें खेत/कृषि पर्यटन, सांस्कृतिक पर्यटन, प्रकृति पर्यटन, साहसिक पर्यटन और पर्यावरण पर्यटन शामिल हैं। पारंपरिक पर्यटन के विपरीत, ग्रामीण पर्यटन की कुछ खास विशेषताएं हैं, जैसे यह अनुभव-उन्मुखी होता है, इसके पर्यटक स्थलों पर आबादी बिखरी हुई होती है, इसमें प्राकृतिक वातावरण की

प्रमुखता होती है, यह त्योहारों और स्थानीय उत्सवों से सराबोर होता है और संस्कृति, धरोहर और परंपरा के संरक्षण पर आधारित होता है। भारत में पर्यटन मंत्रालय ने ऐसे ग्रामीण पर्यटक स्थलों के विकास पर विशेष बल दिया है, जो समृद्ध कला, संस्कृति, हथकरघा, धरोहर और शिल्प की दृष्टि से गौरवशाली हों। ये गांव प्राकृतिक सौन्दर्य और सांस्कृतिक वैभव दोनों ही दृष्टियों से समृद्ध हैं। ग्रामीण पर्यटन से यह उम्मीद की जाती है कि ग्रामीण उत्पादकता, ग्रामीण पर्यावरण और संस्कृति के संरक्षण, स्थानीय लोगों की भागीदारी की दृष्टि से ग्रामीण इलाकों के लाभ में वृद्धि हो और परम्परागत विश्वासों और आधुनिक मूल्यों के बीच उपयुक्त अनुकूलन में मदद मिले।

भारत में ग्रामीण पर्यटन के प्रमुख आयाम

कृषि पर्यटन : कृषि उद्योग और फसलें उगाने के लिये किसान कैसे काम करते हैं, के बारे में अधिक जानकारी प्राप्त करना।

संस्कृति पर्यटन : पर्यटकों को स्थानीय संस्कृति विषयक गतिविधियों जैसे अनुष्ठानों और उत्सवों में हिस्सा लेने का अवसर प्रदान करना।

प्रकृति पर्यटन : ऐसे प्राकृतिक स्थलों की जिम्मेदारी के साथ यात्रा करना, जो पर्यावरण का संरक्षण करते हैं और स्थानीय लोगों के कल्याण में सुधार लाते हैं।

साहसिक पर्यटन : कोई भी ऐसी रचनात्मक गतिविधि साहसिक पर्यटन के अन्तर्गत शामिल है, जो किसी व्यक्ति की क्षमता और अन्तिम सीमा तक उसकी तैयारी का परीक्षण करने का अवसर प्रदान करती है।

भोजन पर्यटन : जहां पर्यटकों को हमारे व्यंजनों की विविधता का आनंद लेने का अवसर मिलता है। इस तरह का पर्यटन भोजन और विभिन्न स्थानों के प्रमुख भोजनों की जानकारी प्राप्त करने में मदद करता है।

समुदाय पारिस्थितिकी पर्यटन : यह ऐसा पर्यटन है, जो किसी उद्देश्य के लिए किया जाता है। यह वास्तव में ऐसे प्राकृतिक स्थलों की जिम्मेदारीपूर्ण यात्रा है, जो पर्यावरण संरक्षण करते हैं और स्थानीय लोगों की खुशहाली में सुधार लाते हैं।

नृजातीय पर्यटन : इसका उद्देश्य विभिन्न संस्कृतियों के क्षितिजों का विस्तार करना है। इसका अनिवार्य लक्ष्य विभिन्न जातीय और सांस्कृतिक जीवनशैलियों और विश्वासों के बारे में जानकारी प्राप्त करना है।

ग्रामीण पर्यटन में बढ़ती रुचि

ग्रामीण पर्यटन कृषि, खेती, स्थानीय शासन आदि के बारे में जानकारी हासिल करने में मदद करता है। ग्रामीण पर्यटन ग्रामीण जीवनशैली के बारे में ऐसे भ्रम दूर करने में सहायक है, जो सामान्यतः शहरी लोगों को होते हैं, जैसे ग्रामीण लोगों का अस्वास्थ्यकर वातावरण में रहना, या ग्रामीण जीवन असुरक्षित होना आदि।

ग्रामीण पर्यटन किसी व्यक्ति को भारत के सुदूर भागों में व्याप्त विविधता की खोज करने का अवसर प्रदान करता है।

भारत सरकार के विभिन्न कार्यक्रम

पर्यटन मंत्रालय ने देश के अंदर ऐसे अनेक स्थानों की पहचान की है, जिन्हें पर्यटन आकर्षण के केंद्र के रूप में विकसित किया जा सकता है। ये ऐसे स्थान हैं, जो अभी तक पर्यटन की दृष्टि से अज्ञात रहे हैं। ऐसे पर्यटक स्थलों के समग्र विकास में मदद करने के लिए मंत्रालय ने विभिन्न कार्यक्रम प्रारंभ किए हैः जैसे,विषय-आधारित सर्किटों के समेकित विकास के लिये स्वदेश दर्शन कार्यक्रम।

भारत की समृद्ध सांस्कृतिक, ऐतिहासिक, धार्मिक और प्राकृतिक धरोहर पर्यटन और रोजगार सृजन के विकास के व्यापक अवसर प्रदान करती है। इस क्षमता की समुचित पहचान के लिये केंद्र सरकार ने 2014-15 के बजट में खास विषयों के बारे में पर्यटक सर्किटों का निर्माण करने का ऐलान किया था। इनपर निरंतर काम हो रहा है।

आध्यात्मिक संवर्धन के लिये तीर्थयात्रा नवीनीकरण अभियान

तीर्थाटन पर्यटन का एक ऐसा रूप है, जो आंशिक या पूर्ण रूप में धार्मिक भावनाओं को प्रेरित करता है। भारत अनेक धर्मों का देश है, जैसे हिंदू धर्म, इस्लाम, बौद्ध धर्म, सिख धर्म, इसाई धर्म, जैन धर्म और सूफी धर्म। इन 8सभी धर्मों के देश के विभिन्न भागों में प्रमुख तीर्थस्थल हैं। धर्म और आध्यात्मिकता यात्रा के लिये समान रूप से प्रेरित करते हैं। यही कारण है कि प्रमुख पर्यटक लक्ष्यों का विकास उनके धार्मिक स्थलों, व्यक्तियों और घटनाओं से जुड़े होने के कारण हुआ है।

विशेष पर्यटन अंचल

वर्ष 2017-18 के आम बजट में 5 विशेष पर्यटन अंचलों की घोषणा की गई, जहाँ राज्यों की भागीदारी के साथ विशेष प्रयोजन उद्यमों की स्थापना की जाएगी। इससे दूसरे वैश्विक अतुल्य भारत अभियान की शुरुआत करने में मदद मिलेगी, ताकि आकर्षक पर्यटन लक्ष्य के रूप में भारत की स्थिति सुदृढ़ की जा सके।

ई-पर्यटक वीजा सुविधा

अंतर्राष्ट्रीय पर्यटकों के आगमन को सुविधाजनक बनाने के लिये पर्यटन मंत्रालय, गृह मंत्रालय और विदेश मंत्रालय के साथ मिलकर काम कर रहा है ताकि देश में एक निश्चित अवधि के दौरान वीजा व्यवस्था को आसान बनाया जा सके। ग्रामीण पर्यटन को आकर्षक बनाने के लिये पर्यटन मंत्रालय एक विशेष उत्पाद के रूप में फार्म पर्यटन को प्रोत्साहित कर रहा है। मंत्रालय, ग्रामीण क्षेत्रों में घरों में ठहरने की व्यवस्था 'होम स्टे' को भी प्रोत्साहित कर रहा है।

रचनात्मक प्रभाव

बढ़ते ग्रामीण पर्यटन का सबसे महत्त्वपूर्ण प्रभाव अर्थव्यवस्था पर पड़ता है। ग्रामीण भारत में पर्यटकों की बढ़ती संख्या के साथ लोगों के बीच व्यापार का स्तर बढ़ने से उनकी आय का स्तर भी बढ़ेगा। इससे युवाओं के लिये रोजगार के अवसर भी पैदा होंगे।

किसी भी स्थान के परंपरागत हथकरघा और हस्तशिल्प स्थानीय लोगों के लिये गौरव का विषय होते हैं। पर्यटन के माध्यम से पर्यटकों को स्थानीय लोगों से तैयार उत्पाद सीधे खरीदने का लाभ प्राप्त होता है। इसका समूची अर्थव्यवस्था पर सकारात्मक प्रभाव पड़ता है। पर्यटकों के साथ विचारों के आदान-प्रदान से ग्रामीण लोगों में नये विचार सृजित होंगे। इससे शिक्षा, निवारक स्वास्थ्य देखभाल, आधुनिक उपकरणों आदि के प्रति लोगों की रुचि बढ़ेगी। इससे साक्षरता का सर्वत्र प्रसार करने में भी मदद मिलेगी।

अधिकाधिक पर्यटकों द्वारा गांवों की यात्रा करने से सड़कों के माध्यम से सम्पर्क में सुधार आएगा और सार्वजनिक परिवहन में बढ़ोत्तरी होगी। अभ्यारण्यों और

सुरक्षित उद्यानों के निकट रहने वाले ग्रामीण अपने शहरी सहभागियों को प्रकृति के संरक्षण की शिक्षा दे सकते हैं। सदियों से प्रकृति की शरण में रहने के कारण उन्हें प्रकृति के संरक्षण के तौर-तरीकों की जानकारी निश्चित रूप से अधिक होती है। पर्यटक स्थानीय धार्मिक और परम्परागत अनुष्ठानों में रुचि विकसित कर सकते हैं, जो सामाजिक सद्भाव के प्रेरक के रूप में काम कर सकती है।

नकारात्मक प्रभाव

परन्तु, ग्रामीण पर्यटन पर कुछ नकारात्मक प्रभाव भी पड़ सकते हैं। पर्यटन के लिए सुविधाएं जुटाने से देहात में बुनियादी ढांचे के विकास में बढ़ोत्तरी होगी। इससे ग्रामीण क्षेत्र में कंक्रीट बढ़ेगा, जिससे उनका प्राकृतिक सौन्दर्य कम हो सकता है। इसके अलावा, पर्यटकों की बढ़ती संख्या से प्राकृतिक संसाधनों की बर्बादी हो सकती है। पर्यटन का लोगों की परंपरागत जीविका पर दुष्प्रभाव पड़ सकता है। ग्रामीण आबादी कृषि और अन्य जीविका माध्यमों की बजाए पर्यटन से संबद्ध आकर्षक जीविका माध्यमों में स्थानान्तरित हो सकती है। इससे ग्रामीण पर्यटन पर नकारात्मक प्रभाव पड़ सकता है।

सुधार की सम्भावनाएं

जीवन की प्रत्येक पहलू के सकारात्मक और नकारात्मक दोनों पक्ष होते हैं। स्थायी विकास के लिये यह जरूरी है कि रचनात्मक प्रभाव अधिक हों और नकारात्मक प्रभाव कम पड़ें। यही बात ग्रामीण पर्यटन पर भी लागू होती है। पर्यटक ग्रामीण क्षेत्रों में सहज महसूस करें, इसके लिए उन्हें उनके गंतव्य स्थान के बारे में पहले से ही विस्तृत जानकारी प्रदान की जा सकती है। उन्हें किसी क्षेत्र में प्रचलित विशेष रीति-रिवाजों की भी जानकारी दी जा सकती है ताकि वे तदनुरूप अपने को तैयार कर सकें। गांवों में बुनियादी ढांचा और लॉजिस्टिक सुविधाएं मुहैया कराने की आवश्यकता है। निकटतम रेलवे स्टेशन या राजमार्ग को जोड़ने वाली सड़कों की व्यवस्था से गांवों तक पहुंच में सुधार किया जा सकता है। इससे पर्यटकों के साथ-साथ ग्रामवासियों को भी लाभ पहुंचेगा, लेकिन बेहतर तो यह होगा कि ग्रामीण क्षेत्रों में ज्यादा संख्या में होटल या गेस्ट हाउस बनाने की बजाए होम-स्टे अर्थात घरों में ठहरने की सुविधा को तरजीह दी जाए। इससे पर्यटकों को ग्रामीण भारत में प्रचलित स्थानीय व्यंजनों के साथ-साथ परंपरागत पद्धतियों का भी जायका मिलेगा। इससे पर्यटकों को

कम समय में ग्रामवासियों के साथ जुड़ने में मदद मिलेगी।

ग्रामीण भारत में पाई जाने वाली वनस्पतियां और जीव-जन्तु विद्यार्थियों के लिये सीखने का अच्छा स्रोत हो सकते हैं। विद्यार्थियों को भ्रमण की अनुमति सक्षम पदाधिकारियों की समुचित मंजूरी के बाद दी जा सकती है। इस तरह विद्यार्थी प्रकृति को महत्त्व देना सीखेंगे।

पर्यटन के मामले में भाषा एक महत्त्वपूर्ण मुद्दा हो सकती है। इसके निदान के लिए पर्यटकों को दुभाषिए रखने का विकल्प दिया जा सकता है। इस प्रयोजन के लिये दुभाषियों को प्रशिक्षित और योग्य बनाने की आवश्यकता है। इसमें गांव के पढ़े लिखे युवक बेहतर भूमिका अदा कर सकते हैं।

भारत के अधिकतर गांवों की अपनी पारंपरिक पहचान है, जो उन्हें बेजोड़ बनाती है। ऐसे अनेक परंपरागत उत्पादों को भौगोलिक संकेतक या जीआई टैग प्रदान करते हुए मान्यता दी गई है। इनमें कृषि उत्पाद, हस्तशिल्प, वस्त्र उत्पाद, मिठाइयां, प्राकृतिक वस्तुएं, विनिर्मित वस्तुएं, पवित्र वस्तुएं आदि शामिल हैं। इन सभी जीआई टैगयुक्त उत्पादों को हमेशा राष्ट्रीय और अंतर्राष्ट्रीय मंचों पर प्रदर्शित किया जाता है और उनकी बाजार में भारी मांग रहती है। सरकार यह सुनिश्चित करने के उपाय कर सकती है कि पर्यटक इन उत्पादों के बनने, पैक किए जाने और प्रदर्शित किए जाने की समूची प्रक्रिया का प्रत्यक्ष अनुभव कर सकें। इससे पर्यटकों में रुचि और बढ़ेगी और अन्ततः ग्रामीण क्षेत्रों में आने वाले पर्यटकों की संख्या बढ़ेगी। भारत के अनेक राज्य जड़ी-बूटियों और अन्य आयुर्वेदिक उत्पादों की दृष्टि से संपन्न हैं, जो चिकित्सा की दृष्टि से अत्यन्त महत्त्वपूर्ण हैं। सरकार ऐसे पर्यटकों को आकर्षित करने के लिये उपयुक्त ढांचे का विकास कर सकती है, जो भारत के गांवों में उपचार सुविधाएं पाने के इच्छुक हों।

जहां तक ग्रामीण पर्यटन का प्रश्न है, राज्य सरकारों की भूमिका अत्यन्त महत्त्वपूर्ण है। प्रत्येक राज्य सरकार की पर्यटकों को आकर्षित करने की पृथक क्षमता है। अतः यह जरूरी है कि राज्य सरकारें अपनी इस क्षमता की पहचान करें और ग्रामीण पर्यटन को बढ़ावा देने में केन्द्र सरकार के साथ घनिष्ठ समन्वय स्थापित करें। इससे समूचे देश को पर्यटन क्षेत्र में लाभ पहुंचेगा।

पर्यटकों को इस बात की अग्रिम जानकारी दी जा सकती है कि वे ऐसे स्थानीय मुद्दों में न उलझें, जिनसे कानून-व्यवस्था की समस्याएं पैदा होने की आशंका हो। सरकार पर्यटकों के बीच सर्वेक्षण करा सकती है और उनके लक्षित पर्यटक-स्थल के बारे में उनकी भावनाएं जान सकती है। उनके फीडबैक के आधार पर पर्यटन में सुधार लाने के उपाय किए जा सकते हैं।

कुछ लोकप्रिय ग्रामीण पर्यटक स्थल

कच्छ एडवेंचर्स इंडिया : कच्छ में सामुदायिक पर्यटन - गुजरात में कच्छ के रण की यात्रा से पर्यटकों को कारीगरों के गांव और साल्ट डेजर्ट देखने के अवसर मिलेंगे।

उच्च तुंगता ग्रामीण पर्यटन - बौद्ध मठों की यात्राएं, याक सफारी, गांवों की यात्राएं, ग्रामीण पारिवारिक शैलियां और सांस्कृतिक कार्यक्रम आदि संभावित गतिविधियां हो सकती हैं।

लाचेन, सिक्किम- यह बर्फ से ढकी चोटियों, हिम नदियों और रॉक क्लिप्स के बीच 8500 फुट की ऊंचाई पर स्थित है। इसके चारों ओर मिश्रित शंकु वृक्षों और बुरुंश (एक प्रकार का फल) के जंगल हैं। यह स्थल पर्यटकों के लिए कुछ वर्ष पहले ही सुगम हुआ है। अतः अपनी अदोहित ताजगी बनाए हुए है।

बल्लभपुर डांगा, पश्चिम बंगाल : बल्लभपुर डांगा शांति निकेतन से 3 किलोमीटर की दूरी पर है। यह संथाल आदिवासी जनजातीय समुदाय से संबद्ध है, जो ग्रामीण बंगाल के चारागाही सौन्दर्य को दर्शाता है। इसके पूर्व में सोनाझुरी वन है और दक्षिण में बल्लभपुर अभ्यारण्य वन क्षेत्र तथा पक्षी अभ्यारण्य हैं। संथाली कला, शिल्प और संस्कृति समुदाय के जीवन का हिस्सा हैं।

सुंदरवन विलेज लाइफ : यह यूनेस्को विश्व धरोहर स्थल है, जहां दुनिया में सबसे अधिक मैनग्रोव वनस्पति पाई जाती है। यह पर्यटकों के लिये अत्यंत आकर्षक स्थल है।

असम में माझुली : असम में ब्रह्मपुत्र नदी पर बना सबसे बड़ा माझुली नदी द्वीप अत्यन्त लोकप्रिय पर्यटक स्थल है।पोचमपल्ली, तेलंगाना : पर्यटक इसी नाम से जानी जाने वाली रेशम की मशहूर साड़ियों के बुनने की प्रक्रिया देख सकते हैं। ऐसे अनेक और भी स्थल हैं, जिन्हें सूची में शामिल किया जा सकता है, जो अभी तक पर्यटकों के लिये अज्ञात हैं।

निष्कर्ष यह कि हमारे देश की विशालता, जनसंख्या का विस्तार, देश की अवस्थिति और जलवायु, मेरे विचार में ये सभी इसे एक ग्रामीण सभ्यता बनाते हैं। ग्रामीण भारत के पास लोगों को देने के लिये बहुत कुछ है। इन क्षेत्रों की पहचान करने और इस क्षेत्र में पर्यटन की संभावनाएं खोजने के लिये केंद्र और राज्य सरकारों के एकजुट प्रयासों की आवश्यकता है। देश में ग्रामीण

पर्यटन को प्रोत्साहित करने के लिये यह अत्यन्त महत्त्वपूर्ण है। ऐसा करने पर ही ग्रामीण पर्यटन का विस्तार और विकास हो सकता है।

पर्यटन की यह नई शाखा, जिसे ग्रामीण पर्यटन कहते हैं, धीरे-धीरे अपना खास स्थान बना रही है। न केवल सरकारों के लिये, बल्कि निजी क्षेत्र के लिये भी। दरअसल ग्रामीण पर्यटन भले ही टूरिज्म सेक्टर की एक शाखा भर मालूम देता हो, लेकिन इसके फायदों को यदि बारीकी से समझा जाये, तो इसका असर कहीं ज्यादा व्यापक और गहरा होता है। ग्रामीण पर्यटन का फलक हिल स्टेशनों और धार्मिक व सांस्कृतिक महत्त्व के केंद्रों के पर्यटन से कहीं ज्यादा जटिल, प्रभावकारी और व्यापक है। ग्रामीण पर्यटन केवल आमदनी बढ़ाने के तौर पर ही नहीं, बल्कि आर्थिक और सामाजिक तौर पर भी समग्र विकास का एक प्रभावी माध्यम हो सकता है।

ग्रामीण पर्यटन या रूरल टूरिज्म का दौर देश के लिये बहुत पुराना नहीं है, लेकिन इसमें कोई शक नहीं कि अब यह तेज रफ्तार से बढ़ रहा है। पर्यटन एक उद्योग के तौर पर वैसे भी देश और विभिन्न राज्य सरकारों के लिए प्राथमिकता सूची में शीर्ष पर है क्योंकि इससे देश की अर्थव्यवस्था और रोजगार के क्षेत्र में बड़ा योगदान हासिल होता है।

सांस्कृतिक विरासत और ग्रामीण पर्यटन

ग्रामीण पर्यटन दरअसल अपने आप में भी एक विस्तृत क्षेत्र है, जिसमें कई प्रकार का पर्यटन शामिल होता है। मोटे तौर पर इसके तहत दो तरह की गतिविधियां शामिल होती हैं, पहला फार्म टूरिज्म यानी वह सेटअप जिसमें पर्यटकों को खेती के तौर-तरीकों का अनुभव कराया जाता है और दूसरा, रूरल टूरिज्म यानी वह व्यवस्था जिसमें पर्यटक ग्रामीण जनजीवन को महसूस करते हैं। लेकिन इसके अंदर भी कई सारे थीम हो सकते हैं। जैसे, हिमाचल प्रदेश के कुल्लू जिले में नग्गर गांव महिला सशक्तीकरण के एक आदर्श पोस्टर के तौर पर चर्चित हुआ है, वहीं गुजरात के कच्छ में होडका गांव को पर्यटन से आय बढ़ाने के एक मॉडल की पहचान मिली है। पंजाब में अमृतसर से दो घंटे की दूरी पर विकसित एक केंद्र ग्रामीण पर्यटन का ऐसा स्वरूप पेश करता है, जहां पर्यटकों को ट्रैक्टर की सवारी से लेकर, हल चलाने और गाय का दूध दुहने तक का अनुभव समेटने का मौका मिलता है। तो जाहिर है कि ग्रामीण पर्यटन का फलक हिल स्टेशनों और धार्मिक व सांस्कृतिक महत्त्व के केंद्रों के पर्यटन से कहीं ज्यादा जटिल, प्रभावकारी और व्यापक है। यह आर्थिक और

सामाजिक तौर पर भी समग्र विकास का एक प्रभावी माध्यम हो सकता है:

1. सामाजिक प्रभाव : ग्रामीण पर्यटन गांव के लोगों को बाहरी दुनिया से जोड़ने का एक बहुत ही सरल और सशक्त माध्यम है। जब शहरी और विदेशी पर्यटक गांवों में आते हैं, तब वे अपने साथ अलग-अलग सभ्यताओं, संस्कृतियों, सोच और नजरियों की छाप भी लेकर आते हैं। इनसे संपर्क में आने के कारण न केवल ग्रामीणों का सामाजिक-सांस्कृतिक दायरा फैलता है, बल्कि पर्यटक भी उस स्थान की लोकभाषा, लोक संस्कृति, रहन-सहन और सोच का प्रभाव अपने साथ लेकर लौटते हैं। किसी देश की सांस्कृतिक विरासत को फैलाने के लिये ग्रामीण पर्यटन से बेहतर कोई माध्यम नहीं हो सकता। जब विदेशी पर्यटक किसी गांव में पर्यटक के तौर पर जाते हैं और आरती के साथ लोकनृत्य के जरिए उनका स्वागत होता है, आग्रहपूर्वक उन्हें एक पंक्ति में बिठाकर खिलाया जाता है, तो उस अनुभव को वे विदेशी ताउम्र अपने मन में संजोकर हमेशा के लिये देश के सांस्कृतिक राजदूत का काम करते हैं। इसलिए ग्रामीण पर्यटन सोच और समझ को व्यापक बनाने में दोतरफा तौर पर काम करता है।

2. बुनियादी ढांचागत विकास : जब हम ग्रामीण पर्यटन की बात करते हैं, तो दरअसल हम स्थान और परिवेश की बात करते हैं। क्योंकि इन दोनों के अलावा व्यवस्था और प्रबंधन के लिहाज से ग्रामीण पर्यटन में शहरों की ही तरह पर्यटकों की सुविधा और सुख का खयाल रखना होता है। इसके लिये ग्रामीण पर्यटन का केन्द्र बनाने वाले गांव में एक स्वस्थ और सुविधा-युक्त जीवन के लिहाज से बुनियादी ढांचा विकसित करना होता है। वहां तक पहुंचने के लिए अच्छी सड़कें तैयार करनी होती हैं। पीने का शुद्ध पानी और बिजली की सप्लाई सुनिश्चित करनी होती है। इन व्यवस्थाओं को तैयार करने के सिलसिले में न केवल पर्यटन का केंद्र बनने वाला गांव, बल्कि नजदीक के बड़े शहर से वहां तक के बीच में पड़ने वाले सारे भू-भाग को इसका फायदा होता है। अच्छी सड़कें बनने से वह इलाका शहरों से सीधे जुड़ता है और बिजली की आपूर्ति बेहतर होने से छोटे-छोटे कई उद्योग-धन्धे भी विकसित होते हैं।

3. आर्थिक प्रभाव : यह किसी भी पर्यटन का सबसे दृश्य प्रभाव है। ग्रामीण पर्यटन में इसका सीमांत महत्त्व और अधिक बढ़ जाता है क्योंकि वहां लोगों

के पास आय को बढ़ाने के साधन सीमित होते हैं। यह प्रभाव सबसे अहम रोजगार के क्षेत्र में नजर आता है क्योंकि इसमें सेवा क्षेत्र से जुड़े कई रोजगार पैदा होते हैं। साथ ही ग्रामीण उद्यमियों के लिये कम निवेश में अपना कारोबार खड़ा करने का भी यह शानदार अवसर उपलब्ध कराता है। शहर से पर्यटन केंद्र बने गांव तक पर्यटकों को लाने-ले जाने के लिये ट्रांसपोर्ट नेटवर्क तैयार करने से लेकर उनके भोजन, निवास और मनोरंजन तक के प्रबंध में कई छोटे-बड़े ऐसे मौके खड़े होते हैं, जहां जुड़कर गांववासी अपनी आमदनी में बढ़ोत्तरी कर सकते हैं। इनके अलावा, जहां बड़े निवेश की जरूरत होती है, वहां बाहर से भी पूंजी, नये आइडिया और नये व्यवसायी आते हैं, जिससे रोजगार के मौके पैदा होते हैं। नये कारोबार और नये रोजगार के साथ ग्रामीण पर्यटन नई दक्षताएं भी विकसित करता है। प्रशिक्षण और जागरुकता के कारण ग्रामीणों के बीच सूचना प्रौद्योगिकी और आतिथ्य जैसी कुलीन क्षमताएं भी पैदा करता है। इससे कुल मिलाकर वहां के समाज की योग्यता में बढ़ोत्तरी होती है और उसकी आजीविका का दायरा बढ़ता है। साथ ही पर्यटन-जनित रोजगार में महिलाओं की भूमिका पुरुषों के बराबर या कई जगहों पर कहीं ज्यादा होती है। इससे भी एक ओर तो महिलाओं की आर्थिक स्वतंत्रता बढ़ने से उनके सशक्तीकरण को काफी बल मिलता है, वहीं उन्हें सामाजिक सम्मान भी हासिल होता है।

4. सांस्कृतिक प्रभाव : पर्यटकों के लिए ग्रामीण पर्यटन का सबसे बड़ा आकर्षण गांवपना होता है। गांव में एक कुम्हार का काम देखने का इच्छुक पर्यटक मोटर से चल रही चक्की पर बन रहे बर्तनों के लिए शायद एक ढेला भी खर्च न करे। उसे लुभाने के लिये एक कुम्हार की कला का सजीव प्रदर्शन चाहिए। इसी तरह अलग-अलग क्षेत्रों की सांस्कृतिक विशेषता को जाहिर करने वाली वेशभूषा, केश-सज्जा, आभूषण इत्यादि जो अब धीरे-धीरे आधुनिकता की चमक में गंवारपन की निशानी करार देकर धीरे-धीरे लुप्तप्राय हो रहे थे, अब एकाएक सजीव होने लगे हैं। पूरा राजस्थान ऐसे उदाहरणों से भरा पड़ा है, जहां सांस्कृतिक विरासत की धरोहरों की उधड़ती परतों को पर्यटन की गोंद ने फिर से चिपकाया है और पर्यटकों की रुचियों ने जिन पर रंग-रोगन किया है। इस सांस्कृतिक संरक्षण का एक अभिन्न हिस्सा गांववासियों में उनकी ऐतिहासिक विरासत को लेकर पैदा होने वाला गौरव-भाव है, जो पर्यटकों के लिये उनके 'गांवपन' को और ज्यादा नैसर्गिक और आकर्षक बनाता है। इनके अलावा पर्यावरण संरक्षण जैसे कुछ वे फायदे भी हैं, जो सीधे तौर पर कम

दिखते हैं, लेकिन जिनकी अहमियत काफी है। गांवों में पर्यटन को बढ़ावा देने के लिये प्राकृतिक माहौल कायम रखने की कोशिश की जाती है। हरियाली और पेड़-पौधों का संरक्षण किया जाता है और जंगल कायम कर पर्यटकों को प्रकृति से करीबी अनुभव कराया जाता है। ये सारी कोशिशें आखिरकार पर्यावरण संरक्षण की दिशा में एक महत्त्वपूर्ण योगदान देती हैं।

देश में मौजूद ग्रामीण पर्यटन के कुछ नामचीन केन्द्रों पर फायदों और असर को व्यावहारिक अर्थों में समझने की कोशिश करें तो-

1. गुजरात के कच्छ के रण में 'कच्छ एडवेंचर्स इंडिया' ग्रामीण पर्यटन का एक शानदार नमूना है। साल में लगभग साढ़े तीन महीने तक चलने वाले 'रण उत्सव' के नाम से विख्यात इस पर्यटन मेले में देश-विदेश से आने वाले पर्यटकों को एक ही जगह गुजरात के तमाम कलाकारों की जीवन्त कलात्मकता देखने को मिल जाती है। दूर-दूर तक फैले श्वेत मरुस्थल के एक कोने पर बसे मिट्टी के घरों में रहने और तारों से भरी रात में साफ आसमान के नीचे चारपाई पर सोने का अनुभव यहां आने वाले पर्यटकों के दिल में गुजरात को हमेशा जिन्दा रखता है। खास बात यह है कि ये पूरा आयोजन होडका गांव की ग्राम पर्यटन समिति द्वारा ही चलाया जाता है।

2. हिमाचल प्रदेश की स्पीति घाटी अपने यहां आने वाले पर्यटकों को बौद्ध मठों, विलेज ट्रेकिंग, याक सफारी, विलेज होमस्टे और सांस्कृतिक कार्यक्रमों की शानदार सौगात देती है। यहां के पर्यटन कार्यक्रमों का आयोजन करने वाला इकोस्फेयर स्पीति संगठन यहां के स्थानीय समुदायों के साथ काफी गहराई से जुड़ा है और उनके साथ मिलकर ही सारी व्यवस्था करता है। इससे न केवल पर्यटकों को हिमाचल और लद्दाख की एक समन्वित संस्कृति का अनूठा अनुभव होता है, बल्कि स्थानीय समुदायों की आर्थिक-सामाजिक स्थिति में भी सकारात्मक बदलाव सम्भव हुआ है।

3. पश्चिम बंगाल में सुन्दरबन को यूनेस्को ने अन्तरराष्ट्रीय विरासत वाली जगह घोषित किया है। यह दुनिया का सबसे बड़ा मैंग्रोव जंगल है, जहां के बाघ अपने आकार और भव्यता के लिये खास जाने जाते हैं। सुंदरबन के भारतीय हिस्से में 102 द्वीप हैं, जिनमें से केवल आधे से कुछ ज्यादा ही आबाद हैं। यहां का ग्रामीण जीवन बहुत चुनौतीपूर्ण है क्योंकि यहाँ न तो पीने के पानी की उपलब्धता है, न बिजली, रोड और गाड़ियां हैं। लोग मिट्टी और फूस के बने घरों में रहते हैं और निरन्तर बाघों के हमले के साये में जीते हैं। सुंदरबन के ऐसे जंगलों में कई इको रिसॉर्ट हैं, जो स्थानीय समुदायों द्वारा चलाए जाते

हैं। इस विशेष रिसॉर्ट में स्थानीय स्टाइल में बनी छह झोपड़ियां हैं, जो धान के खेतों से घिरी हैं। यहां रहने वाले पर्यटक ग्रामीण गतिविधियों में हिस्सा ले सकते हैं और देसी नावों में बैठकर पतले घुमावदार जलमार्गों में अद्भुत अनुभव ले सकते हैं।

4. ग्रामीण पर्यटन का किसी जगह की कला पर असर देखना हो, तो कांगड़ा घाटी के गुनेहर गांव में देखा जा सकता है। हिमाचल प्रदेश के इस गांव में जर्मन मूल के भारतीय कला प्रेमी फ्रैंक शिलष्टमैन ने एक परियोजना की शुरुआत की थी, जिसने देखते-देखते इस भूले-बिसरे गांव को एक प्रसिद्ध कला केंद्र में बदल दिया। इस गांव में आज एक आर्ट गैलरी, कारोबारियों के 70 पुराने घरों का जीर्णोद्धार कर बनाया गया इकोलॉजिकल बूटिक, गेस्ट हाउस और एक फ्यूजन रेस्टोरेंट है। यहां अक्सर कला समारोह आयोजित किए जाते हैं। इस गांव में मूलतः गद्दी और बारा भंगाली जनजाति के लोग रहते हैं जो दरअसल भेड़ चराने वाली प्रजाति है। पर्यटकों को उनके बीच रहने और उनकी जीवनशैली देखने का मौका मिलता है।

5. जोधपुर से 40 मिनट की दूरी पर स्थित बिश्नोई गांव ग्रामीण राजस्थान का वो बेहतरीन अनुभव पर्यटकों को देता है, जो वैसे महसूस कर पाना नामुमकिन है। बिश्नोई समाज इस हद तक प्रकृति प्रेमी है कि हिन्दू होने के बावजूद केवल पेड़ों के संरक्षण की दृष्टि से अपने मृतकों को जलाने की जगह दफनाना पसंद करता है। यहां पाश्चात्य जीवनशैली की सुविधाओं से युक्त पारंपरिक निवास हैं जहां पर्यटकों को बुनकर समाज के साथ रहने और उनके जीवन को निकट से देखने का मौका मिलता है। यहां आने वाले पर्यटकों को राजस्थान का विख्यात आतिथ्य और घर में बना हुआ शानदार भोजन मिलता है। लोकनृत्य से उनका स्वागत होता है, बिश्नोई गांव की जीप सफारी, ऊंट सफारी और विलेज ट्रेकिंग के अलावा पर्यटकों के लिए यहां खास अफीम उत्सव का भी आयोजन किया जाता है, जो यहां के ग्राम्य जीवन का सहज पारंपरिक हिस्सा है।

6. पंजाब में लुधियाना के निकट आयोजित होने वाला सालाना किला रायपुर खेल उत्सव पंजाबी लोक परंपराओं और लोक-संस्कृति को समझने-जीने का एक अद्भुत अवसर देता है। 1933 से चल रहे उत्सव में ग्राम्य जीवन में शारीरिक शक्ति का महत्त्व दर्शाने वाली कई प्रतियोगिताएं शामिल होती हैं, जैसे दांतों से मोटरसाइकिल उठाना, बालों से ट्रैक्टर खींचना इत्यादि। बैलगाड़ी की दौड़ यहां का एक प्रमुख आकर्षण होता है और भांगड़ा सहित लोकगीतों की महफिल के साथ पंजाबी थाली का स्वाद पर्यटकों को भारतीय संस्कृति के

एक समृद्ध स्वरूप का दर्शन करा जाता है।

7. पूर्वोत्तर भारत का जिक्र इस संर्भ में खासतौर पर किया जा सकता है, जहाँ हाल ही में सरकारों ने इको टूरिज्म पर विशेष जोर देना शुरू किया है। सिक्किम सहित पूर्वोत्तर के राज्य शेष दुनिया के लोगों के लिये कमोबेश अनजाने और अछूते ही रहे हैं। यहां की स्थानीय जनजातियां पर्यटकों के लिए एक बिल्कुल ही अनछुए परिवेश, जीवनशैली और संस्कृति का दरवाजा खोलती हैं।

ग्रामीण पर्यटन के ऐसे ही व्यापक महत्त्व को समझते हुए न केवल भारत की केंद्र और तमाम राज्य सरकारों ने हालिया वर्षों में ग्रामीण पर्यटन पर खास ध्यान देना शुरू किया है, बल्कि इसकी कारोबारी क्षमता ने निजी क्षेत्र को भी इस ओर आकर्षित किया है। वर्ष 2005 में शुरू हुए ग्रासरूट्स ने ग्रामीण भारत में आजीविका के 10 लाख मौके पैदा करने के लक्ष्य के साथ रूरल टूरिज्म को बढ़ावा देने का काम शुरू किया। तब से संस्था ने 3 राज्यों के 12 गांवों में 500 परिवारों के साथ ग्रामीण पर्यटन कार्यक्रम शुरू किये हैं, जहां प्रकृति, खेती, ग्रामीण जीवनशैली, ग्रामीण खेल और कार्यशालाओं के माध्यम से पर्यटकों को एक बेहतरीन अनुभव दिया जाता है और बदले में ग्रामीणों के लिए रोजगार के अवसर पैदा किए जाते हैं। दिलचस्प है कि हमारा घूमना-घुमाना आज दुनिया के देशों को सबसे अधिक विदेशी मुद्रा कमाकर देने वाला उद्योग बन गया है। विश्व आर्थिक फोरम का मानना है कि भारतीय पर्यटन उद्योग में भारत के सकल घरेलू उत्पाद में 25 फीसदी तक योगदान करने की क्षमता है। वह भी गांवों के भरोसे। फोरम मानता है कि भारत के गांव विरासत, संस्कृति और अनुभवों के ऐसे महासागर हैं, जिन तक पर्यटकों की पहुंच अभी शेष है। गांव-आधारित प्रभावी पर्यटन को गति देकर, भारत वर्ष 2027 तक प्रतिवर्ष 150 लाख अतिरिक्त पर्यटकों को आकर्षित करने की क्षमता हासिल कर सकता है। इस तरह वह 25 अरब अमेरिकी डॉलर की अतिरिक्त विदेशी मुद्रा अर्जित कर सकता है। इसके लिए भारत को अपने 60 हजार गावों में कम से कम 1 लाख उद्यमों को गतिशीलता प्रदान करनी होगी। यह भारत में ग्रामीण पर्यटन के विकास की पूर्णतया वाणिज्यिक दृष्टि है। भारतीय दृष्टि भिन्न है।

भ्रमण की भारतीय दृष्टि

भ्रमण तो कई जीव करते हैं, किंतु मानव ने अपने भ्रमण का उपयोग अपने अंतर्मन और अपने बाह्य जगत के विकास के लिए किया। बाह्य जगत का विकास यानी

सभ्यता का विकास और अंतर्मन का विकास यानी सांस्कृतिक विकास। इसीलिए मानव अन्य जीवों की तुलना में अधिक जिज्ञासु, अधिक सांस्कृतिक, अधिक हुनरमंद और अधिक विचारवान हो सका; अपनी रचनाओं का विशाल संसार गढ़ सका। स्पष्ट है कि भ्रमण, मनुष्य के लिए मूल रूप से सभ्यता और संस्कृति दोनों को पुष्ट करने का माध्यम रहा है। भ्रमण की भारतीय दृष्टि का मूल यही है। इसी दृष्टि को सामने रखकर भारतीय मनीषियों ने विभिन्न उद्देश्यों के आधार पर पर भ्रमण को पर्यटन, तीर्थाटन और देशाटन के रूप में वर्गीकृत किया है और तीनों को अलग-अलग वर्गों के लिए सीमित किया है।

भ्रमण के इस वर्गीकरण तथा दृष्टि को यदि हम बचा कर रखें तो बेहतर होगा; वरना हमारे गांवों के भ्रमण में जैसे ही पूर्णतया वाणिज्यिक दृष्टि का प्रवेश होगा, हमारा भ्रमण तात्कालिक आर्थिक लाभ का माध्यम तो बन जाएगा किंतु भारतीय गांवों को लंबे समय तक गांव के रूप-स्वरूप में बचा रखना असंभव हो जाएगा। भारतीय गांवों के बचे-खुचे रूप-स्वरूप के पूरी तरह लोप का मतलब होगा, भारत की सांस्कृतिक इकाइयों का लोप हो जाना।

तीर्थ भाव से हो ग्राम्य पर्यटन का विकास

भारत के गांव महज सामाजिक इकाइयां न होकर, पूर्णतया सांस्कृतिक इकाइयां हैं। हमारे गांवों की बुनियाद सुविधा नहीं, रिश्तों की नींव पर रखी गई है। भारतीय गांवों में मौजूद कला, शिल्प, मेले, पर्व आदि कोई उद्यम नहीं, बल्कि एक जीवन शैली है। बहुमत भारत आज भी गांव में ही बसता है। इसलिए आज भी कहा जाता है कि यदि भारत को जानना हो तो भारत के गांव को जानना चाहिए। रिश्ते-नाते, संस्कृतिक-धरोहर को संजोकर रखने के कारण भारत के 60 हजार गांव अभी भी तीर्थ ही हैं। तीर्थाटन-तीर्थयात्रियों से सादगी, संयम, श्रद्धा और अनुशासन की मांग करता है। तीर्थयात्री से लोभ्-लालच, छल-कपट की अपेक्षा नहीं की जाती। भारतीय गांवों में पर्यटन और पर्यटकों के रूझान का विकास किसी भाव और अपेक्षा के साथ करना चाहिए। नदियां इस भाव को पुष्ट करने का सर्वाधिक सुलभ , सुगम्य और प्रेरक माध्यम है और आगे भी बनी रह सकती है। भारत की नदियां आज भी अपनी यात्रा की ज्यादातर दूरी ग्रामीण इलाकों से गुजरते हुए तय करती हैं; नदियां आज भी भारतीय संस्कृति व सभ्यता की सर्वप्रिय प्रवाह हैं।

नदी पर सवार संभावना

भारत नदियों का देश है। सिंधु, झेलम, चिनाब, रावी, सतलुज, व्यास, मेघना, गंगा, गोदावरी, कृष्णा, कावेरी, नर्मदा, ब्रह्मपुत्र, तुंगभद्रा, वैगई, महानदी, पेन्नर, पेरियार, कुवम, अड्यार, मांडवी, मूसी, मीठी, माही, वेदवती और सवर्णमुखी; गिनती गिनते जाइए कि भारत में नदियां ही नदियां हैं। मरूभूमि होने के बावजूद राजस्थान 50 से अधिक नदियों का प्रदेश है। राजस्थान के चुरू और बीकानेर को छोड़कर भारत में शायद कोई जिला ऐसा हो जहां नदी न हो। भारत के हर प्रखंड के रिकॉर्ड में आपको कोई न कोई छोटी-बड़ी नदी लिखी मिल जाएगी। भारत में शायद ही कोई गांव है, जिसका किसी न किसी नदी से सांस्कृतिक रिश्ता न हो। मुंडन से लेकर मृत्यु तक; स्नान से लेकर पूजन, पान, दान तक; पर्व परिक्रमा से लेकर मेले तक, संयास, शिष्यत्व से लेकर कल्पवास तक; सभी कुछ नदी के किनारे। हर नदी के अपने कथानक हैं; गीत-संगीत हैं; लोकोत्सव हैं। भैया-दूज, गंगा दशहरा, छठ पूजा, मकर संक्राति पूरी तरह नदी पर्व हैं।

गंगा के किनारे वर्ष में 21 बार स्नान पर्व होता है। गंगा, शिप्रा और गोदावरी के किनारे लगने वाले कुंभ में करोड़ों लोगों को जुटते आपने देखे ही होंगे। 14 देवताओं को सैयद नदी में स्नान कराने के कारण खारची पूजा (त्रिपुरा) तथा मूर्ति विसर्जन के कारण गणेश चतुर्थी, दुर्गा पूजा, विश्वकर्मा पूजा आदि का नदियों से रिश्ता है। नदियां योग, ध्यान, तप, पूजन, चिंतन, मनन और आनंद की अनुभूति की केंद्र हैं ही। नदी में डुबकी लगाते, राफ्टिंग-नौका विहार करते, मछलियों को अठखेलियां करते देखते हुए घंटों निहारते हमें जो अनुभूति होती है, वह एक ऐसा सहायक कारक है, जो किसी को भी नदियों की ओर आकर्षित करने के लिए पर्याप्त है। किंतु इस पूरे आकर्षण को नदी, गांव और नगर के बीच के सम्मानजनक रिश्ते की पर्यटक गतिविधि के रूप में विकसित करने के लिए कुछ कदम उठाने जरूरी होंगे।

जरूरी कदम

नदी केंद्रित ग्राम्य पर्यटन को विकसित करने के लिए नदियों को अविरल-निर्मल तथा गांव को स्वच्छ-सुंदर बनाना सबसे पहली जरूरत होगी। एशिया के सबसे स्वच्छ गांव का दर्जा प्राप्त होने के कारण ही मेघालय का गांव मावलिन्नांग आज पर्यटन का नया केंद्र बन गया है।

नदी-ग्राम्य पर्यटन को बढ़ावा देने के लिए नदियों को उनकी विशेषताओं के साथ प्रस्तुत करना शुरू करना होगा; जैसे सबसे छोटा आबाद नदी द्वीप- उमानंद, भारत का सबसे पहला नदी द्वीप जिला- माजुली, स्वच्छ नदी- चंबल, भारत का सबसे वेगवान प्रवाह- ब्रह्मपुत्र, सबसे पवित्र प्रवाह- गंगा, एक ऐसी नदी जिसकी परिक्रमा की जाती है- नर्मदा, ऐसी नदी घाटी जिसके नाम पर सभ्यता का नाम पड़ा- सिंधु नदी घाटी, नदियां जिन्हें स्थानीय समुदायों ने पुनर्जीवित किया- अरवरी, कालीबेईं, गाडगंगा।

सच पूछो तो भारत की प्रत्येक नदी की अपनी भू-सांस्कृतिक विविधता, भूमिका और उससे जुड़े लोक कथानक, आयोजन व उत्सव हैं। नुक्कड़ नाटक, नृत्य-नाट्य प्रस्तुति, नदी संवाद,नदी यात्राओं के आदि के जरिए आगंतुकों को इन सभी से परिचित कराना चाहिए। गंगा, ब्रह्मपुत्र, कृष्णा, कावेरी, गोदावरी, नर्मदा छः मुख्य नदियों को लेकर इंदिरा गांधी राष्ट्रीय कला केंद्र ने यह शुरुआत की है। इससे न सिर्फ नदियों के प्रति चेतना, जन-जुड़ाव व दायित्वबोध बढ़ेगा, बल्कि नदी-आधारित ग्रामीण पर्यटन को अधिक रुचिकर बनाने में भी मदद मिलेगी।

नदी पर्यटन का वास्तविक लाभ गांवों को तभी मिलेगा, जब नदी पर्वों-मेलों के नियोजन, संचालन और प्रबंधन में स्थानीय ग्रामीण समुदाय की सहभागिता बढ़े। इसके लिए स्थानीय गांववासियों को जिम्मेदार भूमिका में आने के लिए प्रेरित, प्रशिक्षित और प्रोत्साहित करना जरूरी होगा।

केरल ने ग्राम्य जीवन के अनुभवों से रूबरू कराने को अपनी पर्यटन गतिविधियों से जोड़ा है। नदी आयोजनों को भी स्थानीय ग्राम्य अनुभवों, कलाओं, आस्थाओं आदि से रूबरू कराने वाली गतिविधियों से जोड़ा जाना चाहिए। स्थानीय खेल-कूद, लोकोत्सव तथा परंपरागत कला-कारीगरी-हुनर प्रतियोगिताओं के आयोजन तथा ग्रामीण खेत-खलिहानों, घरों के भ्रमण इसमें सहायक होंगे।

उत्तर प्रदेश के जिला गाजीपुर में गंगा किनारे स्थित गांव गहमर एशिया का सबसे बड़ा गांव भी है और फौजियों का मशहूर गांव भी। फौज में भर्ती होना, यहां एक परंपरा जैसा है। नदियों किनारे बसे अनेकानेक गांव ऐसी अनेकानेक खासियत रखते हैं। नदी किनारे के ऐसे गांव की खूबियों से लोगों को रूबरू होना अपने आप में एक दिलचस्प अनुभव नहीं होगा? नदी-गांव पर्यटन विकास की दृष्टि से यह एक आकर्षक पर्यटन विषय हो सकता है। इसे नदी-गांव यात्रा के रूप में अंजाम दिया जा सकता है।

भारत की अनेकानेक हस्तियों, विधाओं का जन्म गांवों में ही हुआ है।

माउंट एवरेस्ट फतह करने वाली प्रथम भारतीय पर्वतारोही बछेन्द्री पाल का गांव नाकुरी, मिसाइल मैन अब्दुल कलाम का गांव रामेश्वरम, तुलसी-कबीर-रहीम-प्रेमचंद के गांव, कलारीपयट्टु युद्धकला का गांव, पहलवानों का गांव, प्राकृतिक खेती का गांव, मुकदमामुक्त-सद्भावयुक्त गांव आदि। ऐसी खूबियों वाले गावों के ग्राम्य पर्यटन विकास के प्रयास गांव-देश का हित ही करेंगे।

'अतुल्य नदीः अतुल्य गांव' के इस प्रस्तावित नारे के आधार पर भी पर्यटन विकास के बारे में विचार करना चाहिए। इसके जरिए नगरवासियों की गांवों के प्रति समझ भी बढ़ेगी, सम्मान भी और पर्यटन भी। ऐसे गांव प्रेरक भूमिका में आ जाएंगे; साथ ही उनकी खूबियों का हमारे व्यक्तित्व व नागरिकता विकास में बेहतर योगदान हो सकेगा। हां, ऐसे गांवों को उनकी खूबियों के सर्वश्रेष्ठ प्रदर्शन के लिए तैयार रखने की व्यवस्थापरक जिम्मेदारी स्थानीय पंचायती राज संस्थानों तथा प्रशासन को लेनी ही होगी। पर्यटन, संस्कृति तथा पंचायती राज विभाग मिलकर ऐसे गांव के खूबी-विशेष आधारित विकास के लिए विशेष आर्थिक प्रावधान करें तो काम आसान हो जाएगा। इसके बहुआयामी लाभ होंगे।

नदी आयोजनों में होटल और बड़ी-बड़ी फैक्ट्रियों में बनी वस्तुओं से अटे पड बाजार की जगह स्थानीय मानव संसाधन, परिवहन, ग्रामीण आवास, स्थानीय परंपरागत खाद्य-व्यंजनों के उपयोग को प्राथमिकता देने की नीति व योजना पर काम करना चाहिए। इसके लिए जहां गांवों को इस तरह के उपयोग से जुड़ी सावधानियों के प्रति प्रशिक्षित करने की जरूरत होगी, वहीं बाहरी पर्यटकों में नैतिकता, अनुशासन, जिज्ञासु व तीर्थाटन भाव का विकास भी जरूरी होगा।

कुंभ अपने मौलिक स्वरूप में सिर्फ स्नान-पर्व न होकर, एक मंथन पर्व था। कुंभ एक ऐसा अवसर होता था, जब ऋषि, अपने शोध, सिद्धांत व अविष्कारों को धर्म समाज के समक्ष प्रस्तुत करते थे। धर्मसमाज उन पर मंथन करता था। समाज हितैषी शोध, सिद्धांत व अविष्कारों को अपनाने के लिए समाज को प्रेरित व शिक्षित करने का काम धर्म गुरुओं का था। राजसत्ता तथा कल्पवासियों के माध्यम से यह ज्ञान, समाज तक पहुंचता था। समाज अपनी पारिवारिक-सामुदायिक समस्याओं के हल भी कल्पवास के दौरान पाता था।

एक कालखंड ऐसा भी आया कि जब कुंभ, समाज की अपनी कलात्मक विधाओं तथा कारीगरी के उत्कर्ष उत्पादों की प्रदर्शनी का अवसर बन गया। कुंभ को पुनः सामयिक मसलों पर राज-समाज-संतों के साझे मंथन तथा वैज्ञानिक खोजों, उत्कर्ष कारीगरी व पारंपरिक कलात्मक विधाओं के प्रदर्शन

का अवसर बनाना चाहिए। इससे गांव-नदी पर्यटन के नजरिए को ज्यादा संजीदा पर्यटक मिलना तो सुनिश्चित होगा ही; कुंभ देश-दुनिया को दिशा देने वाला एक ऐसा आयोजन बन जाएगा, जिसमें हर कोई आना चाहे।

नदियों के उद्गम से लेकर संगम तक तीर्थ क्षेत्र, पूजा-स्थली, तपस्थली, वनस्थली, धर्मशाला और अध्ययनशालाओं के रूप में ढ़ांचागत व्यवस्था पहले से मौजूद हैं। भारत में कितने ही गांव हैं, जहां कितने ही घर, कितनी ही हवेलियां वीरान पड़ी हैं। नदी-गांव पर्यटन में इनके उपयोग की संभावना तलाशना श्रेयस्कर होगा।

हां, इतनी सावधानी अवश्य रखनी होगी कि नदी-गांव आधारित कोई भी पर्यटन गतिविधि, उपयोग किए गए संसाधन तथा प्रयोग किए गए तरीके सामाजिक सौहार्द, ग्रामीण खूबियों और पर्यावरण को नुकसान पहुंचाने वाले न हों। सुनिश्चित करना होगा कि पर्यटन गांव व नदी संसाधनों की लूट का माध्यम न बनने पाएं। गांव-नदी पर्यटन को नगरीय पर्यटन की तुलना में कम खर्चीला बनाने की व्यवस्थात्मक पहल भी जरूरी होगी।

कहना न होगा कि चाहत चाहे तीर्थाटन की हो अथवा पर्यटन की; भारत की नदियों और गांवों में इनके उद्देश्यों की पूर्ति की अपार संभावना है। इस संभावना के विकास का सबसे बड़ा लाभ गांवों के गांव तथा नदियों के नदियां बने रहने के रूप में सामने आएगा। लोग जमीनी-हकीकत से रूबरू हो सकेंगे। अपनी जड़ों को जानने की चाहत का विकास होगा। ग्रामीण भारत के प्रति सबसे पहले स्वयं हम भारतवासियों की समझ बेहतर होगी। इससे दूसरे देशों की तुलना में अपने देश को देखने का हमारा नज़रिया बदलेगा। दुनिया भी जान सकेगी कि भारत एक बेहतर सभ्यता और संस्कृति से युक्त देश है। इसीसे भारत की विकास नीतियों में गांव और प्रकृति को बेहतर स्थान दे सकने वाली कुछ और गलियां खुल जाएंगी। नदियों के सुख-दुख के साथ जनजुड़ाव का चुंबक कुछ और प्रभावी होकर सामने आएगा। भारत के अलग-अलग भू-सांस्कृतिक इलाकों के लिए स्थानीय विकास के अलग-अलग मॉडल विकसित करने की सूत्रमाला भी इसी रास्ते से हाथ में लगेगी। कितना अच्छा होगा यह सब!

पगडंडियों से निकलती समृद्धि

भारत की आबादी को तीन हिस्सों में बांटकर देखा जा सकता है। संस्कृति और परंपरा के लिहाज से वह ग्रामीण, वनवासी और शहरी क्षेत्र में विभाजित है। सरकार या नीति निर्माता इसी आधार पर विकास योजनाएं बनाते हैं और सामाजिक, आर्थिक, सांस्कृतिक पहलुओं का विचार करते हैं। शासन-प्रशासन का संचालन शहरों से होता है। गांवों में भी कंक्रीट के जंगल उगाने का प्रयास चल रहा है। रीयल स्टेट के खिलाड़ी वहां भी संभावनाएं तलाश रहे हैं। वहां की प्राकृतिक हवाओं में शहरों की आधुनिक सभ्यता का प्रदूषण तेजी से घुलता जा रहा है। लेकिन भारत का अतीत, वर्तमान और भविष्य ग्रामीण क्षेत्रों में ही है। जब कभी भी देश के सर्वांगीण विकास की बात होगी तो उसकी दिशा ग्रामोन्मुख ही होगी, इतना तय है। क्योंकि भारत की समृद्धि का रास्ता गांव की पगडंडियों से होकर ही निकलता है। भारत की सांस्कृतिक मौलिकता पश्चिमी देशों की ओढ़ी हुई सभ्यता में धुंधली हो चुकी है और उसकी चमक कहीं न कहीं गावों मे ही बची हुई है। उसे वापस लाने का कुंजी गावों में ही मिल सकती है। अतीत में जब भारत को सोने की चिड़िया कहा जाता था अथवा विश्वगुरु का दर्जा दिया जाता था तब उसकी ऊर्जा गावों से ही मिलती थी।

यह अलग बात है कि अभी देश में शहरीकरण की प्रक्रिया अपने पूरे शबाब पर है। शहरों की संख्या में लगातार बढ़ोत्तरी होती जा रही है। कृषि संस्कृति नष्ट होती जा रही है। औद्योगीकरण की प्रक्रिया तेज़ हो रही है। गावों में आजीविका के साधन सिमटते जा रहे हैं। रोजी-रोटी के लिए ग्रामीण आबादी का तेजी से शहरों की ओर पलायन हो रहा है। शहरों पर जनसंख्या का दबाव बढ़ रहा है। ग्रामीण और शहरी जनसंख्या का अनुपात असंतुलित होता जा रहा

है। लेकिन विडंबना यह है औद्योगिक क्रांति वह आकार नहीं ले सकी है जो लेनी चहिए थी। मिश्रित अर्थ व्यवस्था के प्रयोग के कारण सार्वजनिक उद्योग बंदी के कगार पर हैं। निजी क्षेत्र में निवेश की गति तेज़ी नहीं पकड़ रही है। इसके कारण सरकारी उपेक्षा के बावजूद देश की अर्थव्यवस्था का रूझान ग्राम्य आधारित ही है। अर्थव्यवस्था की रीढ अभी भी कृषि, पशुपालन और सहायक उद्यम ही है। लेकिन इन सबके बावजूद विधायिका, न्यायपालिका और कार्यपालिका के साथ ही मीडिया की प्राथमिकता के केंद्र में ग्रामीण क्षेत्र नहीं है। राजनीतिक नेतृत्व, नीतिज्ञों, योजनाकारों, शासकों और प्रशासकों आदि सभी की की दृष्टि शहर केन्द्रित है। इसीलिए आजीविका, स्वास्थ्य, शिक्षा और आर्थिकी सहित विकास की तमाम गतिविधियां शहर केन्द्रित ही है। गांव का विकास भी शहरों की तर्ज पर ही करने की चेष्टा हो रही है।

भारत में पत्रकारिता की स्थिति को भी इसी पृष्ठभूमि के अनुरूप है। वह अपनी ऐतिहासिक भूमिका को समझ रही है उसमें खरा तरने की कोशिश भी कर रही है। से अहसास है कि शहरों की ओर पलायन की प्रवृति के बावजूद आज भी भारत की आबादी का अधिकांश हिस्सा गांवों में ही रहता है। अब वह साक्षर और जागरुक हो चुका है। ग्रामीणों की क्रय शक्ति में वृद्धि के कारण उपभोक्ता बाजार की वहां तक तेजी से पहुंच हो रही है। कार्पोरेट सेक्टर को ग्रामीण भारत में पहुंच के लिए मीडिया का सहारा लेना पड़ रहा है। अधिकांश पत्र-पत्रिकाओं का प्रकाशन शहरों से होता है लेकिन उनके पाठकों की बड़ी संख्या गांवों में है। ग्रामीण अर्थव्यवस्था ने पत्रकारिता को अपनी ओर आकर्षित किया है। इस नए पाठक वर्ग ने प्रसार संख्या के मामले में भारतीय भाषाओं के समाचार पत्र को अंग्रेजी अखबारों से बहुत आगे निकाल दिया है।

पत्रकारिता को ग्रामीण अथवा शहरी हिस्से में विभाजित करना संभव नहीं है। ग्रामीण पत्रकारिता की अभी तक कोई स्पष्ट परिभाषा भी नहीं है। बड़ी खबरें गांवों से निकल रही हैं। उन्हें राजधानी के मीडिया संस्थान भी नज़र-अंदाज़ नहीं कर सकते। ऐसे में गांव से प्रकाशित हे वाले अखबारों को ग्रामीण पत्रकारिता का आधार कहा जाए या ग्रामीण विषयों को कवरेज देने वाले अखबारों को यह यक्षप्रश्न है। कृषि और ग्रामीण अर्थव्यवस्था और संस्कृति को अधिकतम स्थान देने वाली सावधिक पत्रिकाओं को प्रकाशन दिल्ली अथवा देश के बड़े शहरों से होता है तो उन्हें शहरी पत्रकारिता का वाहक कहें या ग्रामीण। ग्रामीण पाठकों की जिज्ञासा तो पश्चिमी सभ्यता के बारे में ज्यादा से ज्यादा जानने। विदेशों में लोगों के रहन-सहन में भी होती है। वे ज्ञान-विज्ञान की नई प्रवृत्तियों को जानना चाहते हैं तो क्या जिन पत्रिकाओं की खपत गावों

में हो उन्हें ग्रामीण पत्रकारिता का वाहक मान लिया जाए। इसलिए ग्रामीण समाज और वहां की मौजूदा परिस्थितियों पर अखबारों, रेडियो-टेलीविजन या डिजिटल मीडिया में रिपोर्टों को ग्रामीण पत्रकारिता की संज्ञा दी जा सकती है। कुछ विद्वानों का मानना है कि जिन पत्रों में 40 प्रतिशत से अधिक सामग्री ग्रामीण विषयों से संबंधित हो उसे ग्रामीण पत्र माना जा सकता है। अतः ग्रामीण पत्रकारिता के तहत वे तमाम विषय और उन्हें महत्व देने वाले पत्र और पत्रकार होंगे जिनका सरोकार ग्रामीण जीवन से होगा। इस प्रकार भारत में पत्रकारिता का प्रारंभिक चरण ग्रामीण पत्रकारिता को ही माना जा सकता है। तब वह मिशन की पत्रकारिता थी। आज की पत्रकारिता व्यावसायिक है। लाभ-हानि के तराजू पर चीजों को तौलती है। गावों में आर्थिक गतिविधियां बढ़ी जरूर हैं लेकिन अभी वह मीडिया संस्थानों की लाभ कमाने की भूख को पूरी तरह शांत करने की स्थिति में नहीं पहुंच सकी हैं। इसके लिए उन्हें शहरो पर निर्भर रहना होता है। शहरों पर निर्भरता होने के कारण पत्रकारिता में गांव की भाषा, बोली, परंपरा, संस्कृति आदि का पूरी तरह समावेश नहीं हो पा रहा है। मीडिया संस्थान यह जोखिम उठाने की स्थिति में नहीं आ पा रहे हैं।

भारत में पहला कृषि पत्र 'कृषि सुधार' सन 1914 में और 'कृषि' सन 1918 में प्रकाशित हुआ। भारत सरकार ने ग्रामीण पत्रकारिता को महत्व देते हुए 1946 में 'खेती' और 1950 में 'कुरुक्षेत्र' का प्रकाशन शुरु किया। सन 1973 में 'भारतीय ग्रामीण समाचार पत्र संघ' की स्थापना हुई। इसका उद्देश्य ग्रामीण पत्रों के स्तर को उंचा करना, विज्ञापन के लिये सामूहिक प्रयत्न करना तथा ग्रामीण पत्रकारिता की समस्याओं पर विचार करना था।

वरिष्ठ पत्रकार वेद प्रताप वैदिक ने 9 मई, 1989 को नई दुनिया में प्रकाशित आलेख में लिखा- "गांवों के विकास पर ज्यादा ध्यान दिया जाना चाहिये और यह कार्य संवाददाता ही कर सकता है, क्योंकि वही ग्रामीण पत्रकारिता की घुरी है।" लेकिन आज अखबारों के ग्रामीण क्षेत्र के पत्रकार पहचान के लिये भी मोहताज हैं। मीडिया संस्थान उन्हें पहचान पत्र भी मुश्किल से जारी करते हैं। ग्रामीण पत्रकारिता के समक्ष गंभीर चुनौतियां हैं। रूरल जर्नलिस्ट एसोसिएशन ऑफ इंडिया का गठन हुआ है। इसके बैनर तले चुनौतियों से निपटने और ग्रामीण पत्रकारों के हितों की रक्षा करने के प्रयास चल रहे हैं। मैग्सेसे पुरस्कार प्राप्त और भारत में ग्रामीण पत्रकारिता के जाने-पहचाने नाम पी. साईनाथ के अनुसार, 'ग्रामीण पत्रकारों को बहुत ही कम वेतन पर गुजारा करना पड़ता है, जिसकी वजह से उन पर दबाव ज्यादा होता हैं। पत्रकार संगठनों की कमी और कॉन्ट्रैक्ट (ठेका) आधारित नौकरी के चलते पत्रकारों

की स्वतंत्रता खत्म हो रही है।' बाजार, व्यापार और व्यावसायिकता के साथ ही विदेशी पूंजी निवेश के कारण पत्रकारिता का चाल, चरित्र और चेहरा बदल गया है। इससे सबसे अधिक ग्रामीण पत्रकारिता ही प्रभावित हुई है।

जैसी कि संभावना व्यक्त की जाती रही है, उपभोक्ता बाजार तेजी से ग्रामीण क्षेत्रों में प्रवेश करता जा रहा है। ग्रामीण क्षेत्रों में धीमी गति से ही सही लेकिन आर्थिक गतिविधियां बढ रही हैं। आर्थिक स्थिति में बढोतरी के साथ ही ग्रामीण क्षेत्रों में सूचनाओं की भूख बढ रही है। विचारों का स्थान बढ रहा है। इसके कारण ग्रामीण क्षेत्रों में भी पत्रकारिता के लिये स्थान और गुंजाइश बढ रही है।

हाल ही में 'भोपाल जिले के ग्रामीण क्षेत्रों के विशेष संदर्भ में मीडिया की पहुंच, उदभासन और प्रभाव' विषय पर किये गये एक अध्ययन में ग्रामीण क्षेत्रों में संचार और संचार माध्यमों की स्थिति, ग्रामीणों की संचार प्रवृत्तियों आदि के बारे कई महत्त्वपूर्ण तथ्य स्पष्ट हुए हैं। इस अध्ययन के अनुसार, ग्रामीण क्षेत्रों में भी संचार के बुनियादी ढाँचे और सेवाओं का तीव्र विकास हो रहा है। किन्तु फिर भी जनसंचार का कोई भी माध्यम शत-प्रतिशत ग्रामीण परिवारों में नहीं पहुँच सका है। हालाँकि टेलीविजन, मोबाईल फोन और पत्र-पत्रिकाओं की पहुँच में निरन्तर वृद्धि हो रही है, लेकिन रेडियो (सेट) और टेलीफोन की पहुंच में निरन्तर कमी दर्ज की जा रही है। कम्प्युटर और इंटरनेट की पहुंच ग्रामीण क्षेत्रों में अभी बहुत कम है। अध्ययन में यह स्पष्ट हुआ है कि ग्रामीण क्षेत्रों में टेलीविजन और मोबाइल फोन की पहुंच अन्य माध्यमों की तुलना में ज्यादा तेज गति से हो रही है। इंटरनेट पहुंच की गति सबसे कम है। किंतु ग्रामीण क्षेत्रों में मोबाइल फोन के बाद समाचार पत्र सर्वाधिक भरोसेमंद संचार माध्यम है। ग्रामीण क्षेत्र के शिक्षित और अशिक्षित व्यक्तियों में टेलीविजन सबसे लोकप्रिय माध्यम है। लेकिन बिजली की कमी टेलीविजन के उपयोग में सबसे बडी बाधा है। इस अध्ययन में यह तथ्य भी उजागर हुआ है कि ग्रामीण क्षेत्र में अधिकांश संचार माध्यमों का उपयोग सूचना और शिक्षा की बजाये मनोरंजन प्राप्त करने के लिए हो रहा है। समाचार पत्र ग्रामीण भारत की गुणात्मक निरंतरता के वाहक हैं। जबकि टेलीविजन, मोबाइल फोन और इंटरनेट के कारण पारिवारिकता, सामूहिकता, पारदर्शिता सहित अन्य पारंपरिक मूल्यों में क्षरण हो रहा है।

यह सर्वमान्य तथ्य है कि जनसंचार माध्यम विकास और परिवर्तन को प्रभावित करते हैं। किन्तु जनसंचार माध्यमों की पहुंच, संदेश की पहुंच को सुनिश्चित नहीं करता। बल्कि कई बार संचार माध्यमों की उपलब्धता के

बावजूद संदेश अनुपलब्ध रह जाते हैं। जिन ग्रामीण क्षेत्रों में, विशेषकर शहरों के निकट और मुख्य सडकों से जुडे ग्रामीण क्षेत्रों में संचार माध्यमों की पहुंच बढी है वहां संचार माध्यमों के प्रभाववश बदलावों को महसूस किया जा रहा है। संचार माध्यमों के कारण ग्रामीण जीवन के सामाजिक-सांस्कृतिक पहलू, सामाजिक संस्थाएं, परिवार, विवाह, सामाजिक संस्कार, शिक्षा, जाति आदि के साथ ही ग्रामीण प्रवृत्तियों, सामूहिकता, पारस्परिक सहयोग, पारस्परिक अवलंबन, मितव्ययिता, संचय, धार्मिकता, सामाजिक नियंत्रण आदि में निरन्तरता की अपेक्षा परिवर्तन अधिक देखा जा रहा है। वर्तमान समय में संचार माध्यमों का प्रभाव व्यापक और असीमित है। यह व्यक्ति की मनोदशा, विचार, आदतों, व्यवहार, जागरुकता, समझ, दिनचर्या और जीवन दशाओं को प्रभावित कर रहा है। संचार के कारण व्यक्ति की सामाजिक-सांस्कृतिक, आर्थिक-राजनीतिक और पारंपरिक अभिरुचियां प्रभावित हो रही हैं। जनसंचार माध्यम व्यक्ति के समाजीकरण में महत्त्वपूर्ण भूमिका का निर्वाह कर रहे हैं। संचार माध्यमों ने भौगोलिक दायरे को काफी कम कर दिया है। एक तरफ जहां पूरी दुनिया एक गांव की तरह हो गई है, वहीं गांव अपने-आप में पूरी दुनिया की तरह बन रहा है।

इस स्थिति में संचार माध्यमों, विशेषकर अखबारों को और ग्रामीण पत्रकारिता से जुडे पत्रकारों को पहले से ज्यादा संजीदा होने की जरूरत है। ज्ञानयुक्त, शिक्षित, संस्कारवान, संवेदनशील और जागरुक ग्रामीण समाज के निर्माण में पत्रकारिता की महत्वपूर्ण भूमिका हो सकती है। लेकिन इसके लिये पत्रकारिता को भी भारतीय और ग्रामीण मूल्यों से युक्त होना होगा। पत्रकारों को अपनी प्रतिबद्धता पूंजी, तकनीक, व्यावसायिकता और व्यावसायिक प्रतिष्ठानों से अधिक गांव और ग्रामीणों के प्रति स्थापित करनी होगी। पत्रकारिता से जुडे व्यक्तियों को गांव और ग्रामीण अपेक्षाओं को समझने का कौशल विकसित करना होगा। अब राजनीति, आर्थिकी से लेकर ग्रामीणों का व्यवहार भी पत्रकारिता द्वारा प्रभावित और निर्धारित होने लगा है। पत्रकारिता के कारण ग्रामीणों में सतर्कता, सावधानी और सुरक्षा की दृष्टि विकसित हो रही है। यह सकारात्मक और शुभ है। हो सकता है दूरस्थ अंचलों में पत्रकारिता का प्रभाव भले ही कम हो या नगण्य हो, लेकिन हजारों गावों में लोग जागरुक हुए हैं, हाशिए के लोग अब अपने हक की लडाई के लिए चैतन्य हुए हैं। पत्रकारिता के कारण लोगों को न सिर्फ सरकार की कल्याणकारी योजनाओं व कार्यक्रमों की जानकारी मिल रही है, अपितु वे कमियों और दोषों के प्रति छिद्रांवेषण भी करने लगे हैं।

पिछले कुछ वर्षों में ग्रामीण क्षेत्र और ग्रामीण विषय, सरकार की प्राथमिकता सूची में काफी उपर आया है। पत्रकारिता के लिए भी ग्रामीण विषय प्राथमिकता का बने यह आवश्यक है। ग्रामीण क्षेत्र में पाठकों की तादाद लगातार बढ रही है। पत्रकारिता भी भारतीय मूल्यों को अंगीकार कर स्वयं को सशक्त करे और भारत में उपेक्षितों, हाशिए के लोगों, विशेषकर ग्रामीणों की आवाज बने, उन्हें शक्ति और उर्जा दे यही वर्तमान पत्रकारिता का धर्म है। पत्रकारिता चाहे तो गांव के प्रति दृषिकोण में बदलाव कर सकती है। विकास की शहरी विचारधारा के स्थान पर ग्रामीण विचारधारा की पुनर्स्थापना पत्रकारिता के द्वारा की जा सकती है, बशर्ते भारत की पत्रकारिता विदेशी पूंजी और तकनीक का पिछलग्गू न बने। भारत के गांवों का सम्यक विकास पत्रकारिता का एजेंडा बने यह समय की मांग है।

खबरों का महासागर

गाँवों में विषयों की कमी नहीं। वहां खबरों का विशाल समुद्र है। लेकिन टीवी मीडिया को वहां सिर्फ सनसनी की तलाश रहती है। भूत-प्रेत और अंधविश्वास की खबर इलेक्ट्रानिक मीडिया द्वारा विशेष कार्यक्रमों में पैकेज बना कर दिखाया जाता है। लेकिन दो वक्त की रोटी और तन ढकने के लिए कपड़ों के मोहताज लोगों की आवाज को मीडिया अनदेखा करता रहा है।

मीडिया का एक बड़ा हिस्सा बाजारवाद की मोहमाया में फंस कर अपना दायित्व भूलता जा रहा है। जब हम संचार सुविधाओं को प्रेस के विकास के लिए महत्वपूर्ण मानते हैं तो यह बात पचने वाली नहीं लगती। इससे प्रेस का नहीं ब्राजार का विकास हुआ है। सबसे अधिक बाजार अमीर वर्ग करता है। ऐसे में संचार माध्यमों अर्थात मीडिया मं गांवों में कुपोषण से मरने वाले टीवी स्क्रीन में अपना जगह शायद ही बना पाते हैं, क्योंकि इससे उनकी टीआरपी नहीं बढ़ती। शहरी अमीर तबका एयर कंडिशनर में बैठ कर ऐसी खबरें देखना पसंद नहीं करता। ग्रामीण पत्रकार कितने जद्दोजहद के बाद सूचनाएं जिला मुख्यालयों तक पहुंचाता है, यह चिंतन करने योग्य है। क्योंकि पत्रकारिता की पढ़ाई करने में लाखों रूपये खर्च करने के बाद बना पत्रकार गांव में पत्रकारिता करने में रुचि नहीं रखता। वह मोटी तनख्वाह और सुख-सुविधा की ख्वाहिश करता है और शहर की ओर निकल जाता है। ऐसे में गांवों और कस्बाई क्षेत्रों की खबरें संयोग से ही अखबारों और टीवी चैनलों की सुर्खियां बन पाती हैं तो उसमें उसी पत्रकार की अथक मेहनत होती हैं, जिसे ठीक से कागज और कलम तक का पैसा भी नहीं मिलता। विज्ञापन का जितना कमिशन मिलता है, वही उसका कमाई होती है। आज भी गांवों में कितने अखबार बिक रहे हैं, इसे समझा जा सकता है। टीवी स्टिंगर की खबर चल गई तो वह उत्सव मनाता है, भले उस खबर के दो-चार सौ रूपये भी नहीं मिलें। यह बड़ी सच्चाई है कि कई बार इन पत्रकारों से ऐसी भी सूचनाएं मिलती है, जिन्हें सही स्वरूप देकर बनाई जाती है तो खबर हिट हो जाती है। हिट कहने का तात्पर्य केवल टीआरपी बढ़ाने से नहीं है, बल्कि ऐसी खबर जो सरकार को कुंभकर्णी नींद से

जागने को मजबूर कर देती है। ग्रामीण पत्रकार को कोई वेतन नहीं मिलता, वह दूरदराज के गांवों से खबरें एकत्र कर अखबारों तक पहुंचाते हैं। कभी मलेरिया और उल्टी-दस्त से होने वाली मौत की खबर, तो कभी सरकारी योजनाओं का हाल। अगर गांवों की खबरें मीडिया तक न पहुंते तो गांवों की हालत कैसी है, शायद शहर में बैठा आदमी नहीं जान सकता। गांव की हालत जाने बगैर हम नहीं जान सकते की देश की स्थिति कैसी है। इन सब के बाद एक और गंभीर पहलू है कि आज अखबारों के इतने संस्करण हो गये हैं कि वहां की खबर जिले तक ही सिमट जाती है। कभी-कभार राजधानी के संस्करणों के किसी स्थान पर मुश्किल से गांव की खबरें अपनी जगह बना पाती हैं। हालांकि गांव की खबरों को राजधानी से निकलने वाले संस्करणों में स्थान तो मिल रहा है, लेकिन बहुत कम। दरअसल मीडिया पूरी तरह बाजारवाद की चपेट में आ चुका है, वह उसी खबर को अपने संस्करण में शामिल करता है जिसे ज्यादा लोग देखना या पढ़ना चाहेंगे। ऐसे में राजधानी स्तर पर जहां सरकार के मंत्री और जनप्रतिनिधि तथा अधिकारी बैठते हैं उन तक खबरों के माध्यम से गांवों की तस्वीर नहीं पहुंच पाती। इसके लिए मीडिया अकोले जिम्मेदार नहीं हैं। उपभोक्तावाद समाज भी जिम्मेदार है। मीडिया के सामने यह एक बड़ी चुनौती है कि वह गांवों का असली रूप नीति-निर्धारकों तक पहुंचा सके। मीडिया ने ग्रामीण पत्रकारिता को मजबूत बनाने की कोशिश भी की है। गांवों में सुदूर क्षेत्रों तक अखबार पहुंचने लगा है, लेकिन इसका उद्देश्य कुछ और है, जिसे उपभोक्तावाद को बढ़ावा देना कह सकते हैं। बिहड़ क्षेत्रों में रोज अखबार पहुंच पाना आसान नहीं है, वहां बासी अखबार पहुंचता है लेकिन लोग उसे बासी नहीं बल्कि ताजा मान कर पढ़ते हैं। पहले की तुलना में गांव में जागरूकता भी आई है। मीडिया ने लोगों को अपने हक के प्रति काफी हद तक संघर्ष करने के काबिल बनाया है। लोगों को कम से कम इतना ज्ञान हो गया है कि क्या गलत और क्या सही है। लोग अपने अधिकारों को लेकर अफसरों के दरवाजे खटखटाने लगे हैं और जब उन्हें लगता है कि उनकी आवाज नहीं सुनी जा रही है तो वे मीडिया का सहारा लेते हैं। मीडिया का भी असर नहीं हुआ तो वे अपना दूसरा रूप भी दिखाते हैं जो विरोध प्रदर्शन और चक्काजाम के रूप में दिखता है।

ऐसा नहीं कि पहले अधिकारों को लेकर अत्याचार नहीं होता था। लेकिन अब वे अपना आवाज खुद ही बुलंद करने लगे हैं। लोगों में यह अंकुरण काल से गुजर रहा है। अभी मीडिया और ग्रामीणों पत्रकारों पर चुनौती भरे इस दौर में दायित्व काफी ज्यादा है।

उपसंहार

ग्रामीण भारत के परिदृश्य को देखते हुए यह आवश्यक है कि भारत के ग्रामीण पत्रकार एक महत्वपूर्ण भूमिका के लिए स्वयं को तैयार करें। वर्तमान स्थितियों के चश्मे से भविष्य की रूपरेखा की झलक मिलती है। वैश्वीकरण और कार्पोरेटराइजेशन के इस दौर का ग्रामीण क्षेत्रों में हो रहे बदलावों पर ग्रामीण पत्रकार ही नज़र रख सकते हैं और उससे देश को अवगत करा सकते हैं। यह जिम्मेदारी उन्हीं को निभानी होगी। शहरी पत्रकारों को तो सत्ता के गलियारे में झांकने से फुर्सत ही नहीं मिलती। दिल्ली की एक संस्था सेंटर फॉर मीडिया स्टडीज़ की एक शोध रिपोर्ट के मुताबिक राष्ट्रीय दैनिकों के पहले पेज पर पांच साल का ग्रामीण खबरों का औसत मात्र 0.67 प्रतिशत है। जबकि 2011 की जनगणना के मुताबिक ग्रामीण इलाके की जनसंख्या कुल आबादी का 69 प्रतिशत है। अर्थात 69 प्रतिशत आबादी को मात्र 0.67 प्रतिशत स्पेस मिलता है। जबकि अकेले दिल्ली को पहले पेज का 67 प्रतिशत स्पेस मिलता है। जबकि ज्यादा जोखिम ग्रामीण पत्रकार उठाते हैं।2013-14 तक के आंकड़े बताते है कि उस अवधि तक अधिकतर हमले ग्रामीण पत्रकारों पर ही हुए थे। वह भी भारतीय भाषाओं के पत्रकारों पर। 15 साल में कुल 27 पत्रकार मारे गए। उनमें 2013 तक एक भी शहरी या अंग्रेजी का पत्रकार नहीं था। जाहिर है कि व्यवस्था के विरोध में सबसे ऊंचा स्वरग्रामीण क्षेत्रों से ही रहा था।

यह स्वर आज के समय में मीडिया संस्थानों का मोहताज नहीं रह गया है। सोशल मीडिया और डिजिटल मीडिया के जरिए भी अपनी बात लोगों तक पहुंचाने का विकल्प हमारे सामने मौजूद है। यूट्यूब के जरिए अपनी बात रख सकते हैं। ग्रामीण क्षेत्रों के पत्रकारों को चाहिए कि सामाजिक कार्यकर्ताओं के साथ

मिलकर विभिन्न माध्यमों के जरिए ग्रामीण मुद्दों की तरफ सरकार और बौद्धिक समाज का ध्यान आकृष्ट कराएं। उनके समाधान का प्रयास करें। पत्रकारिता और मीडिया में पिछले दो-तीन दशकों में भारी बदलाव आया है। व्यावसायिकता बढ़ी है। पत्रकारिता के उद्देश्यों और परंपराओं को ताक़ पर रख दिया गया है। लाभ-हानि का गणित प्राथमिक बन गया है। इसके लिए निष्पक्षता और निर्भीकता के नैतिक मूल्यों को दांव पर लगाने से भी परहेज़ नहीं किया जा रहा है। गांवों में व्यावसायिकता की वह लहर नहीं आई है। वहां सामाजिक-आर्थिक सवालों को लेकर हर मोर्चे पर संघर्ष है। ब्रिटिश शासन काल में ग्रामीण अर्थव्यवस्था को तोड़-मरोड़कर रख दिया गया। आजादी के बाद उसपर कोई ध्यान नहीं दिया गया। सत्ताधारी दलों ने गांवों को उतना ही दिया जितना वोट पाने के लिए जरूरी था। महात्मा गांधी ने गांवों की पीड़ा को समझा। ग्राम स्वराज की अवधारणा रखी लेकिन हुक्मरानों को उससे कोई सरोकार नहीं रहा। कृषि आधारित कुटीर उद्योगों के विस्तार पर, कृषि क्षेत्र के संकटों के निवारण पर कोई ध्यान नहीं दिया गया। अब ग्रामीण भारत के कायाकल्प के लिए ग्रामीण जनता को ही सरकार पर दबाव बनाना होगा। इसके लिए अनुकूल माहौल बनाने का काम पत्रकारों को ही करना होगा। इसके लिए चाहे मौजूदा मंचों का उपयोग करें अथवा नये मंचों का निर्माण करें। आजादी की लड़ाई के जमाने में अखबारों का प्रकाशन राष्ट्रीय आंदोलन में प्रत्यक्ष अथवा परोक्ष रूप से शामिल पत्रकारों के हाथों में था। व्यावसायिक घरानों की पूंजी लगती भी थी तो मकसद लाभ कमाना नहीं बल्कि स्वतन्त्रता संग्राम की गति तेज़ करना होता था। आज पूंजीपति घराने अपने आर्थिक साम्राज्य के रक्षा कवच और सरकारी तंत्र के अनुकूलन के लिए मीडिया संस्थान खोलते हैं। उनका मकसद अपने व्यावसायिक हितों को साधना मात्र होता है। अब उनके व्यवसायिक हित गांवों से जुड़ रहे हैं तो वे गावों पर ध्यान दे रहे हैं। ग्रामीण पत्रकारों को न उनके सहयोग से उत्साहित होने की जरूरत है न उनके असहयोग से निराश होने की। उन्हें अपने लक्ष्य की ओर बढ़ते जाना है। रास्ते खुद ब खुद बनते चले जाएंगे। इसी तरह कृषि संस्कृति को बचाना है तो सबसे जरूरी है सूदखोरों, महाजनों और बिचौलियों की लोलुपता पर लगाम लगाना। 2019 के अंतिम महीनों में खुदरा बाजार में प्याज की कीमत 200 रुपये किलो तक पहुंच गई थी। किसानों से इसकी खरीद 6 से 10 रुपये प्रति किलो की दर से की गई थी। अगर उपज कम हुई थी, मांग और आपूर्ति का संतुलन बिगड़ गया था तो इसका लाभ किसानों को मिलना

चाहिए था। लेकिन सारा लाभ बाजार के बिचौलियों को मिला। उपभोक्ताओं की जेब ढीली हुई और किसानों को उनकी मेहनत का फल नहीं मिला। जब पानी सर के ऊपर जाने लगा तो सरकार ने विदेशों से आयात का रास्ता अपनाया। किसानों को बिचौलियों के जाल से बचाने की सरकार के पास योजना का अभाव है न। यह काम समाज और पत्रकार को ही करना होगा। सूदखोरों के जाल को कमजोर करने के लिए जरूर बैंकों को निर्देश दिया गया। आसान शर्तों पर कर्ज देने की व्यवस्था की गई। फसल बीमा का इंतजाम किया गया लेकिन कोई भी योजना कारगर नहीं हो सकी। कर्ज में डूबे किसान आत्महत्या को विवश होते गए और आज किसान आत्महत्या का आंकड़ा 5 लाख का आंकड़ा पार कर चुका है। आजादी के बाद तीन दशकों तक अखबारों का मालिकाना पारिवारिक, निजी, ट्रस्ट आदि के पास था। बाद में मालिकाना कॉरपोरेट के हाथ में चला गया।कॉरपोरेटाइजेशन के बाद मीडिया पूरी तरह बदल गया। पत्रकारिता की समझ, उसका दर्शन और कॉरपोरेट का दर्शन एकदम अलग है। पत्रकार देखता है कि खबर क्या है, उसका सबूत क्या है। ये पत्रकार की मानसिकता है। कॉरपोरेट के लिए रेवेन्यू और प्राफिट असल चीज़ है। उसकी स्टोरी में दिलचस्पी नहीं होती। स्टोरी से मिलने वाले रेवेन्यू से मतलब होता है। कॉरपोरेट की मानसिकता अलग होती है पत्रकार की अलग। 1990 से मीडिया और पत्रकारिता दो अलग-अलग चीज़ बन गई। पत्रकारिता को रेवेन्यू स्ट्रीम तक लाकर छोड़ दिया गया है। पत्रकारों पर बढ़ते हमलों का कारण भी सच पूछें तो कारपोरेट जगत ही है। उसे माइनिंग, सेज़ (एसईजेड), भूमि अधिग्रहण से मतलब रहता है। ग्रामीण पत्रकार इसमें बाधक होता है। इसीलिए वह हमले का शिकार होता है। पूरा तंत्र उसके इशारे पर नाचता है। लेकिन 2013 के बाद शहरी और एलीट पत्रकार भी हमले की चपेट में आ गए। पहला शिकार हुए नरेंद्र दाभोलकर। पांच साल के बाद भी इस क्राइम का मामला हल नहीं हुआ। दूसरा गोविंद पानसारे। वे एक इतिहासकार और कालमिस्ट भी। पानसारे ने 2005 से ज्यादा हमला कट्टरपंथियों पर किया। जहां भी उन्होंने लिखा या भाषण दिया, कट्टरपंथियो पर हमला किया। उनको उनके घर के सामने मार दिया गया। इसके बाद एमएम कलबुर्गी। वे पत्रकार थे। अकादमिक थे। विद्वान थे। कालम लिखते थे। उनको भी मार दिया गया। इन लोगों के बीच समान था तार्किक विचार। चौथी हत्या थी हाइ प्रोफाइल पत्रकार गौरी लंकेश की। इन चारों के बीच समान बात यह है कि चारों ही भारतीय भाषाओं में लिख रहे थे। भारतीय भाषा में लिखने वाले पत्रकारों पर सबसे ज्यादा हमले हुए हैं।

उनका क्लास अलग होता है। उनका एलीट स्टेटस नहीं होता। नोटबंदी और जीएसटी का ज्यादा असर ग्रामीण भारत में पड़ा। लेकिन कारपोरेट मीडिया में इस पर ना म मात्र की रिपोर्ट छपी। हर दो तीन गांवों पर एक मवेशी बाजार होता है। कहते हैं कि जब इस बाजार का दाम 30 परसेंट गिर जाता है तो यह कृषि संकट का संकेत देता है। नोटबंदी के बाद मवेशी के दाम 30 नहीं, 80 परसेंट गिरे। इससे संकट का अंदाजा लगाया जा सकता है। लेकिन यह मीडिया का विषय नहीं बन सका। मवेशी के दाम जब बाजार में 80 परसेंट गिर गये तो उससे कुरैशी, कसाई को नुकसान हुआ। लेकिन मवेशी बाजार के अधिकांश दलाल ओबीसी हैं। उनका भी धंधा खत्म हो गया। स्थिति यह हुई कि मवेशी को न बेच सकते हैं, न खरीद सकते हैं। खरीदने के लिए पैसा नहीं बचा। नुकसान सिर्फ किसान का हुआ। पहले कुरैशी, फिर ओबीसी, फिर किसान और अंत में सबसे नीचे वाले क्षेत्र पर बुरा असर पड़ा। सरकार मेक इन इंडिया की बात करती है। महाराष्ट्र में सौ साल पहले एक मेक इन इंडिया ब्रांड था– कोल्हापुरी चप्पल। सस्ते में मिलती थी और मजबूत होती थी। उसे दलित समुदाय के लोग बनाते थे। उसे कच्चा माल मिलना बंद हो गया। वो दिवालिया हो गया। दरअसल गांवों में जो नुकसान हुआ है वह प्राकृतिक नहीं, गलत आर्थिक नीतियों के कारण हुआ है। यह पूरी तरह मानवीय है। इसके कारण देश में असमानता बढ़ गयी है। इससे सबसे ज्यादा प्रभावित गांव ही हुए हैं। 1991 में नई आर्थिक नीति से पहले इस देश में एक भी डॉलर अरबपति नहीं था। फिर फोर्ब्स मैगजीन के 2000 के अंक में बताया गया कि डॉलर अरबपति भारत में 8 हो गए। फिर 2012 में 53 डॉलर अरबपति हो गए। 2018 में 121 डॉलर अरबपति इस देश में हो गए। देश की जनसंख्या 130 करोड़ से ज्यादा है, इसमें तीन महिलाओं समेत 121 लोगों की संपत्ति भारत की जीडीपी का 22 परसेंट है। दूसरी तरफ 2011 की जनगणना में पता चला कि आजादी के बाद ग्रामीण भारत में सबसे बड़ा पलायन हुआ है। विभाजन के बाद भी इतना बड़ा पलायन नहीं दिखा था। कोई नौकरी तो कोई छिटपुट काम के लिए गांव छोड़कर भाग रहा है जबकि शहर में काम है नहीं। रोजगार सृजन कभी किसी के एजेंडे में रहा ही नहीं । 1991 और 2011 सेंसस में किसानों की आबादी 150 लाख गिर गयी। दरअसल किसानों का एक हिस्सा मजदूर बन गया। कार्पोरेट मीडिया के लिए यह कोई खबर नहीं थी। इसपर जो भी लिखा ग्रामीण पत्रकारों ने लिखा। 2004 में एक नया हलफनामा आया जिसमें हर प्रत्याशी को खुद अपनी संपत्ति का ब्यौरा देना था। उस हलफनामे के मुताबिक 2004 में निर्वाचित लोकसभा

प्रत्याशियों में 32 परसेंट करोड़पति निकले। खुद उन्होंने स्वीकार किया। 2009 में यह बढ़कर 53 परसेंट हो गया। 2014 में 82 परसेंट करोड़पति लोकसभा में पहुंचे। 2019 में भी यह आंकड़ा 88 परसेंट पर ही रह गया। इस बार सेल्फ डिक्लेयर्ड 88 परसेंट करोड़पति लोकसभा में हैं। यह एडीआर (असोसिएशन फॉर डेमोक्रेटिक रिफॉर्म्स) का आंकड़ा है। वो हर साल इसे जारी करता है। एक तरफ नेता अमीर हो रहे हैं। दूसरी तरफ अरबपति बढ़ते रहे हैं। इधर गरीबी और बेरोजगारी अपने चरम पर है। यह संकट जितना बढ़ रहा है गांव में, उतना ही धन का संकेंद्रण बढ़ रहा है राजधानी में, मुंबई में। मुंबई हिंदुस्तान का सबसे अमीर शहर है। वहां से नब्बे किलोमीटर दूर ठाणे में भुखमरी से सैकड़ों आदिवासी की मौत हर साल होती है, 2017 में बाम्बे हाइकोर्ट के एक फैसले में यह सामने आया था। ये कुपोषण से जुड़ी मौतें थीं, सरकार ने माना था। जैसे -जैसे यह असमानता बढ़ रही है, गांवों की जीवनशैली खराब हो रही है। इसकी रिपोटिंग एक बड़ी चुनौती है जिसे ग्रामीण पत्रकार ही पूरा कर सकते हैं। जब आप इस तरह की चीजें रिपोर्ट करेंगे तो एक तो प्लेटफार्म की दिक्कत है कि इसे कौन छापेगा, दूसरा हमले की आशंका। जिसे हम कृषि संकट कहते हैं, वह दरअसल समाज का संकट है। मिस्त्री, दर्जी, मोची, सारे संबद्ध पेशे कौलैप्स कर रहे हैं। यह समाज का संकट भी नहीं है, यह सभ्यता का संकट है। हमारी सभ्यता छोटे किसान, छोटे मजदूर पर आधारित है। इसलिए यह सभ्यता का संकट है। 5 लाख किसान खुदकुशी कर चुके हैं और यह कोई मुद्दा नहीं बन पा रहा है। इस संकट के बीच ग्रामीण पत्रकार के लिए काम करना बड़ी चुनौती है। दिक्कत यह है कि डिबेट नहीं हो रही है, संवाद नहीं हो रहा है। यह दरअसल क्लाइमेंट चेंज का मुद्दा है, लेकिन अखबारों में रिपोटिंग के नाम पर कुल मिलाकर अमेज़न या आस्ट्रेलिया के जंगलों की आग या फिर अंटार्कटिका की बर्फ पिघलने की खबरें हैं। गांव के लोग तापमान, मौसम आदि के बदलने का बेहतर अनुभव करते हैं। मछुआरे बेहतर जानते हैं कि तापमान, मौसम और जलवायु के बीच क्या अंतर है। दक्षिण एशिया में बुरी तरह मौसम का महासंकट आ रहा है। हिमालय के बंजारे, तमिलनाडु के मछुआरे, ये सब इसका विकल्प अपने स्तर पर खोज रहे हैं। तमिलनाडु के मछुआरों ने एक सामुदायिक रेडियो निकाला है "साउंड आफ द वेव्स"। इससे वे अपने समुदाय को क्लाइमेंट चेंज के बारे में शिक्षित कर रहे हैं। केरल सबसे पहला राज्य है जो समुद्र का जलस्तर बढ़ने से प्रभावित होगा। वहां रह रहे ग्रामीण लोग अपने अनुभवों से जानते हैं कि

क्लाइमेट चेंज में क्या हो रहा है। इसे केवल ग्रामीण पत्रकार ही रिपोर्ट कर सकता है। समय के साथ असहजता के कई नये केन्द्र बनते जा रहे हैं। संकट बढ़ता जा रहा है। साल दर साल आइटी वर्कर तक बेरोजगार होते जाएं तो इसमें कोई आश्चर्य नहीं। बस जरूरत है अपने जिला, ज्वार व कस्बों की हर असहजता को महसूस कर उसे शब्दों में ढ़ालने की। हमें समझना होगा कि भारत का नव निर्माण तब तक नहीं होगा जब तक समाज के अंतिम जन, जो गांव में बसते हैं उनकी चौखट पर समृद्धि की मुहर न लगे। दरअसल पत्रकारों को आगे बढ़कर एक सजग पहरेदार की भूमिका निभाने की नितांत आवश्यक्ता है। उन्हें नई इबारत लिखने के लिए तैयार होना होगा। संभावनाएं भी अनंत हैं। बस जरुरत है आगे बढ़ने की।

***